Gestión de existencias en el almacén

Sergi Flamarique

Con la colaboración de:

www.logisnet.com

Índice

El autor

 **Sergi Flamarique** es un profesional con más de veinticinco años de experiencia gestión de operaciones, logística y cadena de suministro, tanto a nivel directivo como consultor. Está especializado en la implantación de estrategias y soluciones logísticas y operacionales en pymes, grandes empresas, y en sectores como la alimentación, la distribución, los servicios, las artes gráficas o el metalúrgico. En su formación académica, destaca el Máster en Logística Integral y Supply Chain Management cursado en la Fundación ICIL, el Máster ejecutivo en Dirección de Operaciones en EADA, el Curso superior en Administración y Dirección de Empresas en la Universidad Les Heures y el Máster de Coaching Social para la motivación y los procesos del cambio en Divulgación Dinámica y Formación. Asimismo, ejerce de formador en logística y cadena de suministro en instituciones públicas y privadas, y en empresas. Ha impartido cursos para obtener certificados de profesionalidad de nivel 1 y 3 y es autor de las obras *Gestión de operaciones de almacenaje* (2017 y *Flujos de mercancías en el almacén* (2018), ambas publicadas por Marge Books.

www.igrescat.com

s.flamarique@igrescat.com

Introducción

Esta obra trata sobre las operaciones que se llevan a cabo en los almacenes: las de entrada de mercancías, su ubicación y desubicación, preparación de pedidos, expedición y salida. Su objetivo es afianzar conceptos básicos de gestión y coordinación de las tareas que se desarrollan en el almacén. Abarca la gestión del almacenamiento de las existencias, y presenta diferentes tipologías de almacenes y sus características, según las necesidades de la empresa y las mercancías. Muestra cómo organizar las operaciones y flujos de mercancías del almacén, el modo de coordinar las entradas, las salidas y las ubicaciones de mercancías, y cómo estandarizar procesos para mejorar la eficiencia y la eficacia de los recursos humanos y técnicos. También tiene en cuenta el control de las existencias y los inventarios, identificar desviaciones y disponer de medidas correctoras. Incluye la gestión por procesos, la calidad y la mejora continua, utilizando las tecnologías de la información y la comunicación para conseguir una mayor productividad y reducir costos.

Las herramientas y sistemas que se ofrecen son aplicables a cualquier tipología de empresa, pequeña, mediana o grande, teniendo presente que cada una presenta unas características únicas y diferentes al resto.

Este libro tiene dos vertientes, una formativa y otra divulgativa y de consulta. Como obra formativa, es útil para obtener el **certificado de profesionalidad de nivel 3, COML0309** «Organización y gestión de almacenes», que tiene como competencia general: «Organizar y controlar las operaciones y flujos de mercancías del almacén de acuerdo con los procedimientos y normativa vigente y asegurando la calidad y optimización de la red de almacenes o cadena logística».

Este nivel está dirigido a:

- Personal técnico en gestión de existencias y almacén.
- Responsables de almacén.
- Personal técnico en logística de almacenes.
- Responsables de recepción o expedición de mercancías.
- Personal administrativo de logística.
- Personal de almacenamiento, recepción y expedición.

El **módulo MF1015_2** «Gestión de las operaciones de almacenaje», que pertenece a la **unidad de competencia UC1015_2** «Gestionar y coordinar las operaciones del almacén», está constituido por las siguientes unidades formativas:

- UF0929 «Gestión de pedidos y stocks».
- UF0928 «Seguridad y prevención de riesgos en el almacén» (unidad transversal incluida en la obra *Organización de almacenes*, módulo MF1014_3).

Junto con los módulos MF1014_3 «Organización de almacenes» y MF1005_3 «Optimización de la cadena logística», completan el certificado de profesionalidad COML0309 sobre organización y gestión de almacenes.

Este libro proporciona información y material de consulta para facilitar la integración, la mejora profesional y la comprensión del funcionamiento de la logística y la cadena de suministro a las personas que trabajan en ellas, ya sean de alta dirección, mandos intermedios o personal de base.

Capítulo 1
Tipología de empresas y almacenes

La operativa y la gestión de un almacén varían dependiendo de la función que desempeña, mientras que las características dependen de la tipología de empresa. Se pueden diferenciar dos grandes grupos de empresas u organizaciones, según las necesidades y la función de sus almacenes: las industriales o productoras y las mercantiles

1 Empresas industriales o productoras

Son aquellas que crean un producto a partir de una o varias materias primas. La materia prima de una empresa puede ser el producto final o acabado de otra, y así sucesivamente hasta llegar a las personas que consumirán o utilizarán dicho producto, es decir, los clientes finales, formando lo que se denomina cadena de suministro. Estas empresas normalmente necesitan almacenes (independientes, externos o en las propias instalaciones de la compañía) de materias primas, de producto final o acabado y de materiales auxiliares (para producción, empaquetado, expediciones o recambios, así como para el funcionamiento administrativo de la misma). Es posible que algunas también necesiten un almacén de productos semielaborados, cuando algún artículo se produzca en diferentes fases espaciadas en el tiempo.

Todas las empresas disponen también de un almacén (aunque muchas veces no se considere como tal) para los archivos, donde se guarda la documentación física generada o recibida en la empresa.

En este grupo se incluyen los laboratorios farmacéuticos, las industrias metalúrgicas, las empresas ensambladoras o las fábricas de telefonía móvil, entre muchos otros sectores de actividad.

2   Empresas mercantiles

A este grupo pertenecen las empresas comerciales y las de servicios, aunque algunas pueden incluirse en los dos grupos.

2.1   *Empresas comerciales*

Son aquellas que no realizan ninguna transformación en los productos que comercializan. Los compran a empresas industriales o comercializadoras, y los venden a clientes finales, a minoristas o a otras empresas comerciales o productoras. Son empresas comerciales las distribuidoras, las mayoristas, las cadenas de supermercados y los comercios de proximidad, cuyo cliente final normalmente es la persona usuaria o consumidora del producto.

2.2   *Empresas de servicios*

No comercian con productos, sino que ofrecen una prestación, normalmente intangible, destinada a satisfacer las necesidades de otras organizaciones o de los clientes finales. Este tipo de empresas pueden proveer de servicios en el ámbito de la logística, el asesoramiento, la planificación o la formación, entre otros. En el ámbito de la logística, las empresas de servicios se pueden subdividir en:

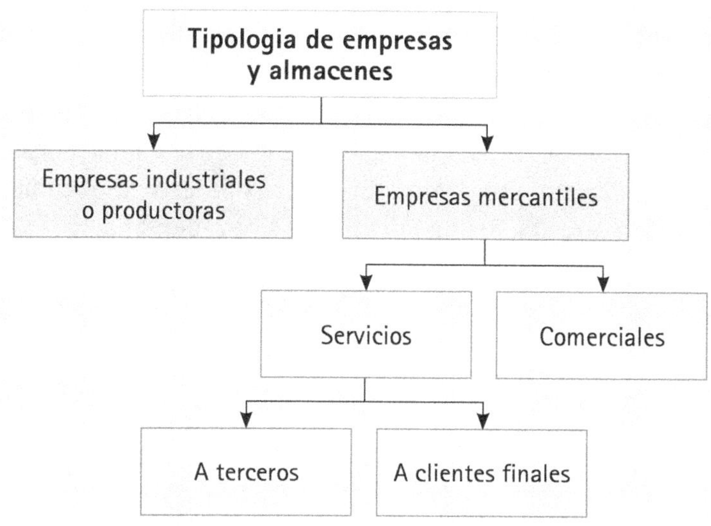

- **Servicios a terceros**

  El producto o la mercancía no es propiedad de la empresa de servicios sino de sus clientes, normalmente empresas productoras o comercializadoras que externalizan una parte o la totalidad de su logística, ya sea la comercial, la de aprovisionamiento o la de distribución. Ejemplos de servicios a terceros son los operadores logísticos que realizan funciones de distribución, las empresas de transportes de mercancías y las comercializadoras de servicios generales, como el agua, el gas o la electricidad.

- **Servicios finales**

  Son aquellas empresas que ofrecen servicios intangibles a los clientes finales. Por ejemplo, las empresas aseguradoras, las de transporte de viajeros, las que ofrecen formación o las de seguridad. También se pueden considerar de servicios finales las entidades u organismos que prestan servicios administrativos, como pueden ser los registros de la propiedad, los juzgados, los ayuntamientos, los gobiernos, las agencias tributarias, o las de servicios sanitarios, ya sean privados o públicos, como los hospitales o los centros médicos. Muchas de estas organizaciones necesitan almacenes para los productos acabados, los materiales auxiliares y la documentación generada o recibida, que puede ser física o digital.

Capítulo 2
La gestión del almacenaje

La gestión del almacén, los pedidos y las existencias permite organizar diariamente las operaciones y los flujos de mercancías, al mismo tiempo que aporta información sobre el almacén y la calidad de su servicio. Para desarrollar esta gestión, hay que interactuar con otros departamentos de la empresa, como compras, aprovisionamiento, comercial, administración o contabilidad, así como con empresas proveedoras y clientes, siguiendo los objetivos globales de la compañía.

La importancia de la gestión y el control del almacenaje residen en una serie de factores:

- Los mercados tienden hacia la inestabilidad.
- La evolución tecnológica y el desarrollo del transporte de mercancías ha globalizado los mercados.
- Se ha pasado de almacenar unos pocos productos a guardar una gran variedad.
- La empresa ha dejado de ser la que decide los productos (sistema *push*, empujar), y ahora son los clientes, el mercado (sistema *pull*, tirar), los que los reclaman y demandan que se adapten a sus necesidades particulares.
- El servicio ha dejado de ser un valor secundario y ahora es importante para el cliente.

- Se ha pasado de un sistema «yo gano, tu pierdes», sin una visión global de la cadena de suministro, a un sistema «tu ganas, yo gano», con una visión global de la cadena.

De este modo, la clave de la competitividad no está ahora exclusivamente en las empresas, sino en las cadenas de suministro y en la colaboración que se establece entre el conjunto de empresas que la forman.

La planificación, la gestión y el control del almacenaje implican adaptar los recursos humanos y materiales para conseguir un nivel de servicio acorde con las demandas de los clientes, cumpliendo la normativa de prevención de riesgos laborales y las recomendaciones sobre manipulación de mercancías.

Todo ello, a su vez, debe estar respaldado por los sistemas documentales de la empresa. Se han de utilizar sistemas informáticos sencillos, claros, adecuados a las características de la empresa y capaces de mostrar la información precisa, así como de facilitar la entrada de datos y la posterior salida de información: ordenes de trabajo, pedidos, etiquetas, albaranes, trazabilidad, indicadores clave de rendimiento o KPI *(key performance indicator)*, etc.

La gestión y el control del almacenaje se pueden dividir en dos apartados que se complementan y permiten tener la información y el control global del almacén: la gestión de las existencias y la gestión del almacén.

1 La gestión de existencias

También conocida como gestión de *stocks*, tiene como principales objetivos:

- Equilibrar los tiempos de generación y tránsito de los productos hasta los clientes y ayudar a reducir sus costos al mínimo aceptable.

- Almacenar la menor cantidad posible de productos, ajustándose a las necesidades del mercado y a los tiempos de tránsito, y reduciendo los costos al mínimo posible.
- Evitar la rotura de existencias para mantener la fluidez en el flujo de productos hacia los clientes de acuerdo con sus necesidades.
- Facilitar un correcto servicio a los clientes.

Estos objetivos pueden parecer contradictorios entre sí. Por un lado, hay que almacenar la menor cantidad de productos para que los costos sean los más bajos posibles, mientras que por otro hay que disponer de una cantidad suficiente para poder servir a los clientes. La gestión de existencias tiene que equilibrar estos objetivos para ofrecer el mejor servicio al menor costo posible. Para conseguirlo, se han de tener en cuenta los siguientes aspectos:

- Qué productos o materiales se han de almacenar.
- En qué cantidad se ha de almacenar cada uno de ellos.
- Cuánto cuesta mantenerlos almacenados.
- Cuánto tiempo deben ser almacenados.

Para responder a estas cuestiones es necesario trabajar transversalmente con los diferentes departamentos que constituyen la empresa.

2   La gestión del almacén

La gestión del almacén permite controlar unitariamente los productos y ubicarlos correctamente para reducir al máximo las operaciones de manutención, los errores y el tiempo de dedicación. Trata de establecer cómo y dónde deben almacenarse las mercancías. Sus objetivos son:

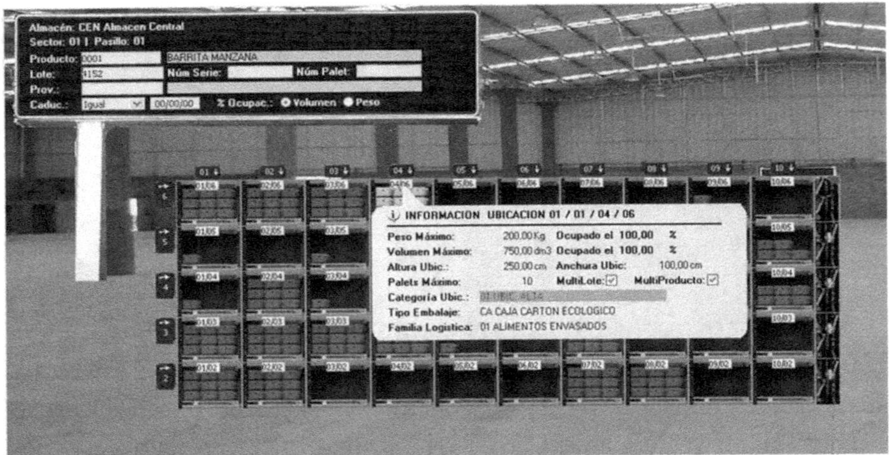

Figura 2.1. Los programas de gestión de almacenes son una herramienta fundamental para optimizar la capacidad y los recursos técnicos y humanos del almacén.

- Facilitar la rapidez de las entregas controlando las existencias.
- Conseguir fiabilidad, al permitir conocer qué mercancías hay en el almacén, en qué cantidad y dónde están ubicadas.
- Maximizar el espacio: ubicar la mayor cantidad de mercancía en el menor espacio posible, sin olvidar el resto de los principios del almacenamiento.
- Minimizar las operaciones de manutención de las mercancías.

Una gestión eficiente del almacén aporta a la empresa los siguientes beneficios:

- Reduce las tareas administrativas, evita errores y redunda en un aumento de la productividad.
- Agiliza el desarrollo de otros procesos y de los flujos logísticos.
- Optimiza la gestión del nivel de inversión en existencias, es decir, la cantidad de productos que hay en el almacén.

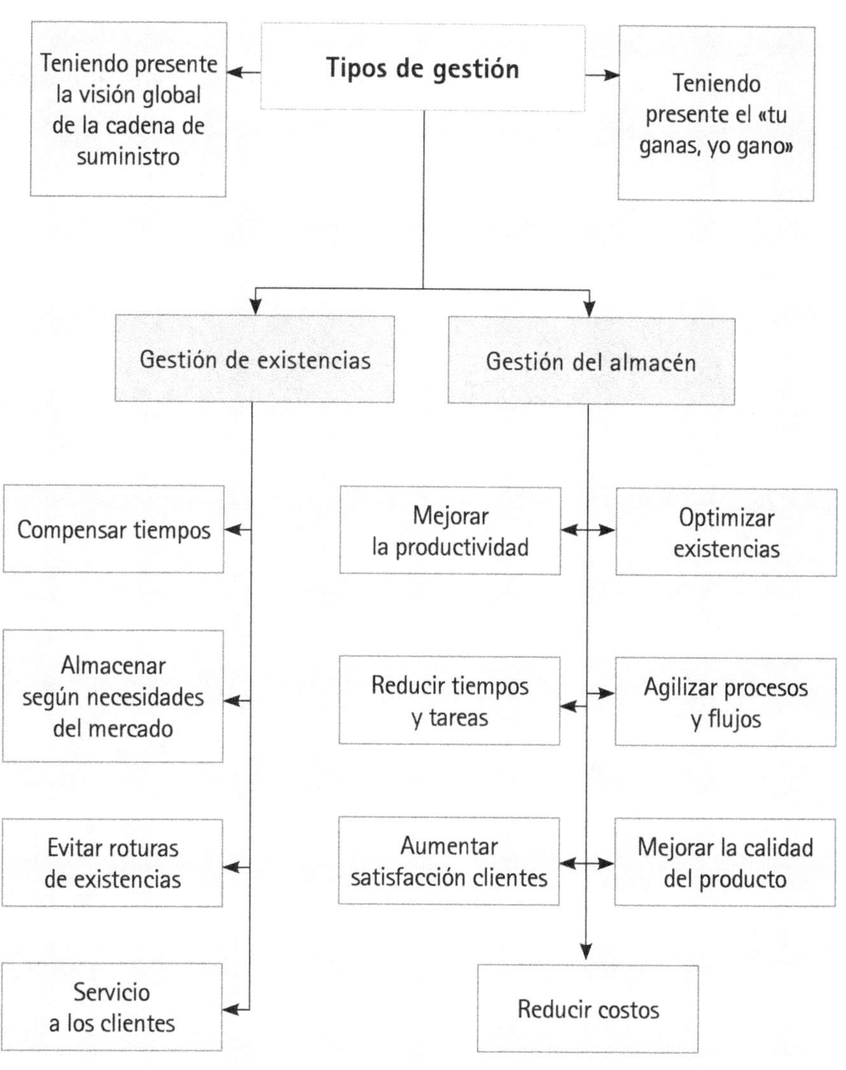

Teniendo presente la visión global de la cadena de suministro
Tipos de gestión
Teniendo presente el «tu ganas, yo gano»
Gestión de existencias
Gestión del almacén
Compensar tiempos
Mejorar la productividad
Optimizar existencias
Almacenar según necesidades del mercado
Reducir tiempos y tareas
Agilizar procesos y flujos
Evitar roturas de existencias
Aumentar satisfacción clientes
Mejorar la calidad del producto
Servicio a los clientes
Reducir costos

- Mejora la calidad del producto, que tiene menos posibilidades de deteriorarse al minimizar las operaciones de manutención.
- Rebaja los costos generales.
- Reduce los tiempos de los procesos.
- Aumenta el nivel de satisfacción de los clientes al reducir posibles errores e incidencias.

Capítulo 3
La información y documentación que acompaña la mercancía

La documentación es una parte importante en los flujos de la mercancía ya que contiene información del producto, del remitente y del receptor. Se puede englobar en dos grandes grupos:

- La información que va en el producto, ya sea incluida en él, en el envase o en el embalaje.
- La documentación que acompaña a la mercancía durante el trayecto en la cadena de suministro hasta el cliente final.

Figura 3.1. Etiquetas de envase del producto.

1   La información que va en el producto

La información que va en el producto, en su envase o en su embalaje, ya sea pegada como una etiqueta o impresa en él, se puede agrupar en:

- Información en el envase o el embalaje a nivel primario.
- Información en el embalaje de nivel secundario.
- Información en el embalaje de nivel terciario.

Figura 3.2. Impresión directa de la información en el envase del producto.

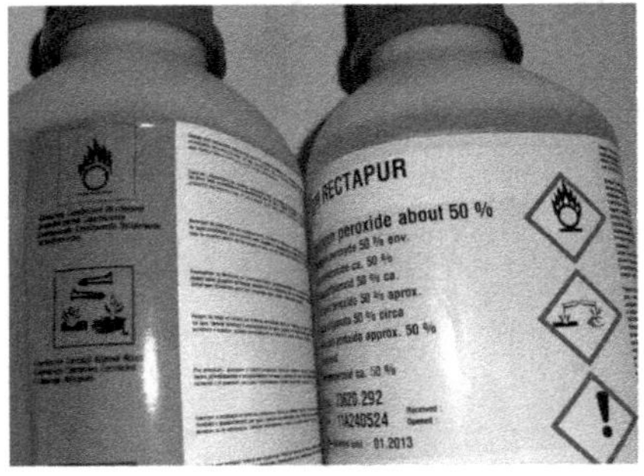

Figura 3.3. Etiqueta de producto químico, con los pictogramas
y la información que establece la ley.

1.1 Información en el envase o el embalaje de nivel primario

La información que va en el envase individual del producto y en el embalaje de nivel primario unitario, ya sea en formato etiqueta, ya sea impresa directamente, normalmente incluirá la marca y el nombre del producto, la descripción del contenido y su composición, el nombre de la empresa fabricante y, en algunos casos, el código identificativo del producto GTIN-13. También puede incorporar otros datos, como el lote o su caducidad, e información de seguridad o relacionada con cualquier aspecto significativo para la persona que finalmente vaya a consumirlo, en función de la normativa legal sobre cada producto y de cada país.

La información mínima que ha de contener el etiquetaje viene establecida por las normativas legales. En los países europeos, por ejemplo, está regulada por la aplicación de las diferentes directivas de la Unión Europea. Existen directivas para productos alimenticios, textiles, calzado, cosméticos, sustancias peligrosas, sustancias químicas o detergentes, entre otros. También están regulados el etiquetado energético de los electrodomésticos, las etiquetas ecológicas o el marcado CE (Conformidad Europea), que certifica que el producto comercializado cumple con la legislación obligatoria en materia de requisitos esenciales. Estas normativas se actualizan periódicamente, ya que su objetivo principal es informar a los clientes finales, siguiendo la política de protección a las personas consumidoras.

Por otro lado, el etiquetaje también constituye una tarjeta de presentación de la empresa y garantiza la calidad y procedencia del producto.

Las figuras 3.1 a 3.5 son ejemplos de la información que se puede ofrecer a través del envase o embalaje primario.

1.2 Información en el embalaje de nivel secundario

Además de informar sobre el producto en sí, la principal función de la información que se coloca en el embalaje de nivel secundario, como

Símbolo	Instrucción	Significado	Símbolo	Instrucción	Significado
	Frágil	El contenido del embalaje es frágil y se debe manejar con precaución		No usar carretilla elevadora	La carga no se debe manipular con carretilla elevadora
	No usar garfios	No se pueden usar garfios en el manejo de la carga		Colocar mordazas aquí	Colocar las abrazaderas en los lados que se indica para manipular la carga
	Mantener vertical	La unidad de carga se debe mantener en posición vertical		No colocar mordazas aquí	No colocar las abrazaderas en los lados que se indica al manipular el embalaje
	Proteger de la luz solar	La carga no se debe exponer a la luz solar u otras fuentes de calor	kg máximo	Apilamiento limitado	Indica el peso máximo posible sobre la unidad de carga
	Proteger de fuentes radioactivas	La mercancía se puede deteriorar o quedar inutilizada si se expone a radiaciones		Apilamiento limitado por número	Número máximo de embalajes iguales que se pueden apilar (n=número máx)
	Mantener a resguardo de la lluvia	La carga debe mantenerse en un ambiente seco		No apilar	No se debe apilar ninguna otra carga encima
	Centro de gravedad	Indica el centro de gravedad de la unidad de carga		Eslingas aquí	Indica dónde se deben emplazar las eslingas para elevar la carga
	No rodar ni inclinar	La carga no se debe rodar ni inclinar o balancear		Límites de temperatura	Límites de temperatura entre los que se debe conservar y manipular la carga
	No manipular con las horquillas en esta cara	Caras de la unidad de carga donde no se deben colocar las horquillas de las carretillas manuales			

Figura 3.4. Símbolos utilizados para identificar las unidades de carga y facilitar la manipulación de los envases y embalajes (norma ISO 780).

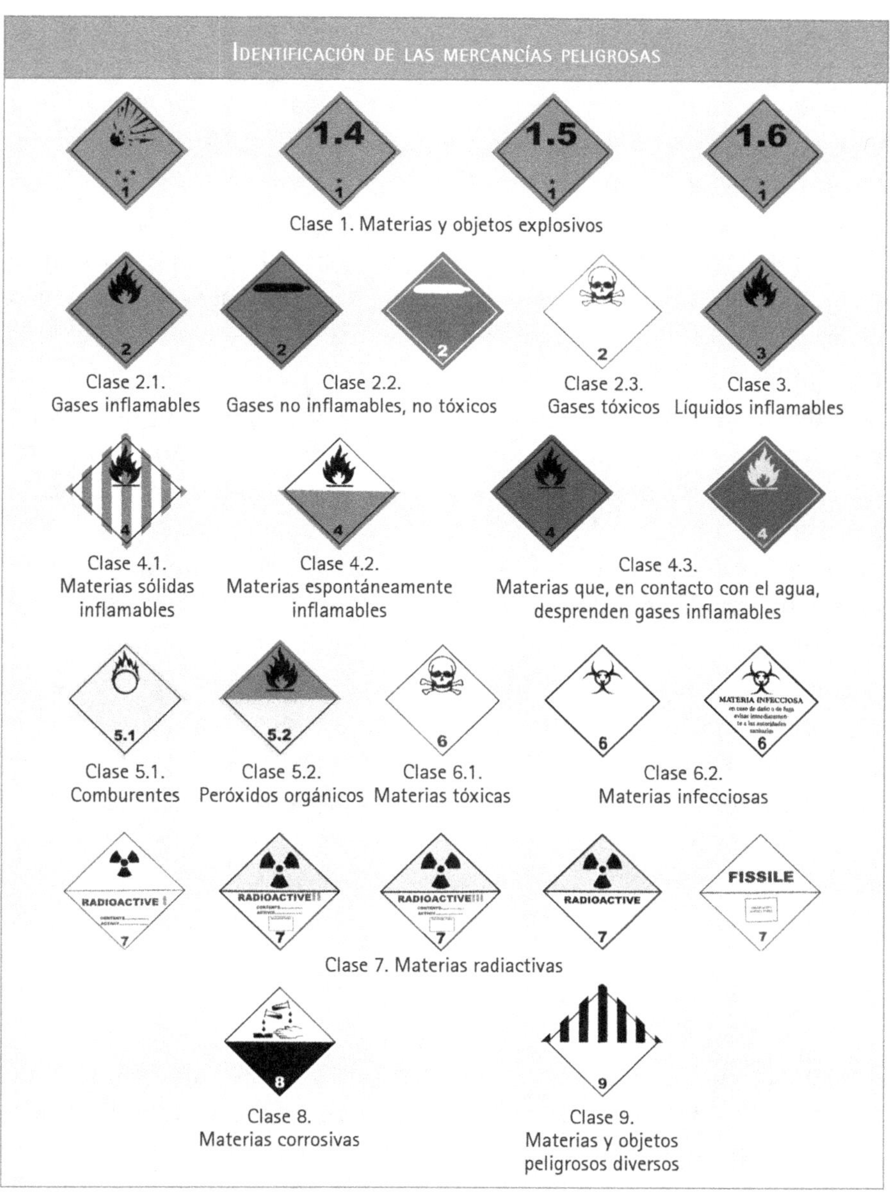

Figura 3.5. Símbolos utilizados para la identificación de las mercancías peligrosas.

una etiqueta o impresa directamente, es facilitar información a los agentes de la cadena de suministro y cumplir así con las normativas o recomendaciones legales. En este nivel secundario, la información que contiene la etiqueta o el embalaje impreso está destinada a facilitar los movimientos, la gestión y el control de la cadena de suministro, sobre todo en su parte final de distribución capilar o última milla.

El embalaje secundario, además de proteger el producto y el envase primario, actúa como elemento de mercadotecnia, ya que visibiliza la marca de la empresa fabricante y el producto en toda la cadena de suministro, aspecto especialmente importante en la parte final de la cadena, en el punto de venta. Incluye datos como la referencia del producto, el nombre, el lote, la caducidad o fecha de consumo preferente, la empresa proveedora, el peso, las dimensiones, los códigos de barras GTIN-14 y GS1-128, y la cantidad de producto unitario, así como información especial relacionada con la seguridad, la peligrosidad del producto, la posición que ha de mantener y el peso máximo soportable. Esta información, sobre todo los códigos de barras, facilita la gestión y el control de las unidades logísticas en los diferentes procesos, entre ellos el transporte, el almacenaje y la preparación de pedidos, a la vez que reduce la posibilidad de errores y los tiempos en los procesos. En definitiva, contribuye a rebajar costos y aumentar la productividad.

Las figuras 3.6 a 3.9 son ejemplos de información que se puede ofrecer a través del embalaje secundario.

1.3 Información en el embalaje de nivel terciario

Adicionalmente a identificar el producto, la principal función de la información colocadas en el embalaje de nivel terciario, habitualmente en forma de etiqueta, es facilitar información a la cadena de suministro y cumplir con unas normativas o recomendaciones legales. En este nivel, la etiqueta va destinada a las operaciones logísticas, y tiene como

Figura 3.6. Etiqueta de caja.

*Figura 3.7. Impresión de código de barras e información
en la caja de embalaje secundario.*

principal finalidad la gestión y el control de las entradas, salidas y movimientos internos del almacén, y la preparación de los pedidos.

Aunque no existe una normativa específica, existen recomendaciones de asociaciones empresariales que indican dónde se ha de ubicar la etiqueta y los datos mínimos a incluir, por ejemplo, las referencias

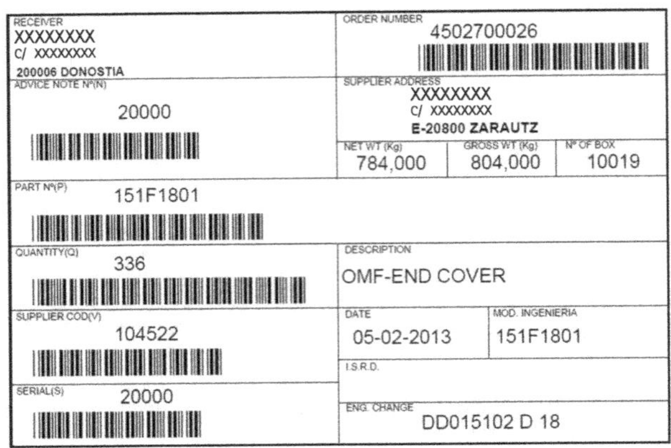

Figura 3.8. Etiqueta tipo Odette de bulto.

Figura 3.9. Etiquetas de caja con código de barras GS1-128 y pictogramas informativos sobre cómo almacenar y transportar la caja.

de los productos, el proveedor, el nombre, el lote, la caducidad o la fecha de consumo preferente, el peso, las dimensiones, los códigos de barras GS1-128, la cantidad e información especial relacionada con la seguridad y los peligros que comporta el producto. Esta información, sobre todo los códigos, facilita la gestión y el control de los diferentes

   GESTIÓN DE EXISTENCIAS EN EL ALMACÉN

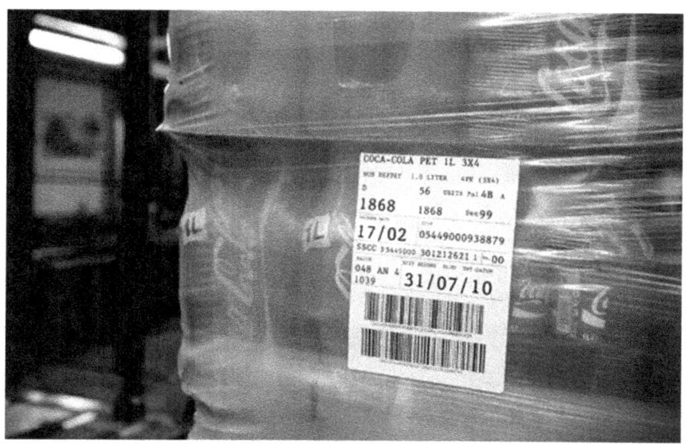

Figura 3.10. Etiqueta palé monoreferencia preparado para el envío al cliente.

Figura 3.11. Ejemplos de etiqueta palé.

procesos, las entradas, las salidas, el transporte y el almacenaje, a la vez que reduce errores y tiempos, aumentando la productividad y rebajando costos.

Las figuras 3.10 y 3.11 son ejemplos de información en el embalaje terciario.

2   La documentación que acompaña al producto

Se pueden distinguir dos tipos de documentación que acompaña a la mercancía:

- La documentación administrativa que acompaña a la mercancía cuando se entrega al cliente pero que no va adherida físicamente o pegada al producto o su embalaje.
- La documentación que puede acompañar al producto durante el proceso o los procesos internos.

Los documentos administrativos y de gestión más comunes son el albarán, la documentación de transporte, las facturas y la documentación relacionada con los movimientos internos de la empresa.

2.1   El albarán

Puede contener diferentes datos, como la marca y el nombre del producto, la empresa fabricante o distribuidora, la referencia, la cantidad, una descripción, el código GTIN-13 e información especial, como

> **+i   Qué son las reglas Incoterms**
>
> Las reglas Incoterms, publicadas por la Cámara de Comercio Internacional, expresan las obligaciones y los derechos que aceptan las partes compradora y vendedora en cuanto a las distintas fases del proceso de transporte elegido y las condiciones acordadas para la entrega de las mercancías. El punto de entrega varía y puede ir desde el propio domicilio de la empresa expedidora hasta el destino final que determine la compradora.

lote, caducidad y recomendaciones de seguridad, siempre en función de la normativa legal de cada producto y país. Puede incluir el precio del producto o no. También indicará a quién o qué empresa se ha de entregar (el cliente), así como datos y tipología de la empresa transportista, características especiales del transporte (por ejemplo, la temperatura) y la regla Incoterms acordada entre la empresa vendedora y la compradora.

El albarán es un documento muy importante, ya que constituye la confirmación de entrega del producto al cliente. Ha de ser sellado y firmado por este cuando se le entrega la mercancía, y retornar a la empresa como justificante de su recepción. Por esta razón, normalmente existen diferentes copias del mismo, una para el cliente, otra para la empresa proveedora, en algunos casos otra para la transportista, e incluso copias para terceros como las aduanas.

Es importante anotar en el albarán o en la carta de porte toda la información, las observaciones pertinentes y las incidencias ocurridas, tanto en la carga como en la descarga e incluso durante el transporte. De esta forma, si hay que realizar o recibir alguna reclamación o hacer constar algún problema en el transporte o en el producto, esto estará documentado.

Aunque las normativas pueden variar según el país, en el caso de España, por ejemplo, el plazo para reclamar si se produce un problema visible en el transporte es relativamente corto, de 24 a 48 horas (siete días para problemas ocultos o no visibles). Por esta razón se deben

+i Qué es la carta de porte
Es el documento mediante el que se formaliza el contrato de transporte de mercancías por carretera entre la empresa expedidora y la transportista. Acompaña a la mercancía y debe ser custodiado por la persona que conduzca el vehículo

anotar todas las incidencias en el albarán o la carta de porte, que será firmado por las partes implicadas, normalmente, el receptor de la mercancía y el transportista, si está presente en la descarga. De esta manera, quedará notificada automáticamente la disconformidad, lo que permitirá hacer los trámites pertinentes de reclamación.

Existen numerosos modelos de albaranes, ya que cada empresa y cada sistema informático emiten uno diferente. Incluso se venden cuadernos preimpresos para rellenar de forma manual. De hecho, no hay ningún tipo de normativa al respecto, sino que se han establecido los datos mínimos que ha de incluir, como el nombre del cliente, la dirección de entrega, la referencia del producto, la descripción o concepto, la cantidad e informaciones específicas o especiales del producto, como caducidad, lote, nombre y dirección de la empresa que lo envía, número de albarán, fecha y número de pedido (véase la figura 3.12).

LAZURO

Calle María Moliner, 4
44300 Monreal del Campo
Tel. 978 86 35 11
e-mail: jabondehospitalidad@gmail.com

N° Albarán:
Fecha:

Remitente: ____ N.I.F/C.I.F.: __________________
Domicilio: ____________________________________ Localidad: ________________ C.P.: __________

Consignatario: ____ N.I.F./C.I.F.: _________________
Domicilio: ____________________________________ Localidad: ________________ C.P.: __________

CÓDIGO	DESCRIPCIÓN ARTÍCULO	N° UNIDADES	PRECIO	IMPORTE

Figura 3.12. Modelo de albarán.

2.2 Documentación de transporte

Los documentos más usuales en los distintos modos de transporte de mercancías son:

- Carta de porte, para el transporte nacional por carretera.
- Carta de porte CMR (en el caso de Europa), para el transporte internacional por carretera.
- Carta de porte CIM para transporte internacional por ferrocarril.
- Certificado ADR, para el transporte de productos peligrosos por carretera.
- Carnet TIF para el transporte ferroviario internacional.
- Carnet TIR para el transporte internacional por carretera (en el caso de Europa).
- Conocimiento de embarque aéreo o AWB *(air waybill)*.
- Conocimiento de embarque marítimo o BL *(bill of lading)*.

2.3 Facturas y otros documentos

En algunos casos, junto a la mercancía puede viajar la factura, por ejemplo, cuando se entregan productos comprados a través de comercio electrónico y se emiten facturas impresas. En otros casos, como en el transporte internacional, es obligatorio que la mercancía vaya acompañada de la factura, por ejemplo, cuando aquella haya de pasar por la aduana. La factura ha de incorporar toda la información del albarán, incluyendo su número, y, lógicamente, el valor monetario del producto, los impuestos correspondientes, la forma de pago, etc. (véase la figura 3.13).

También se utiliza documentación en algunos movimientos internos de la empresa. Por ejemplo, en los listado de extracción de mercancías *(picking)*, de transporte o de inventarios, los cambios de ubicaciones,

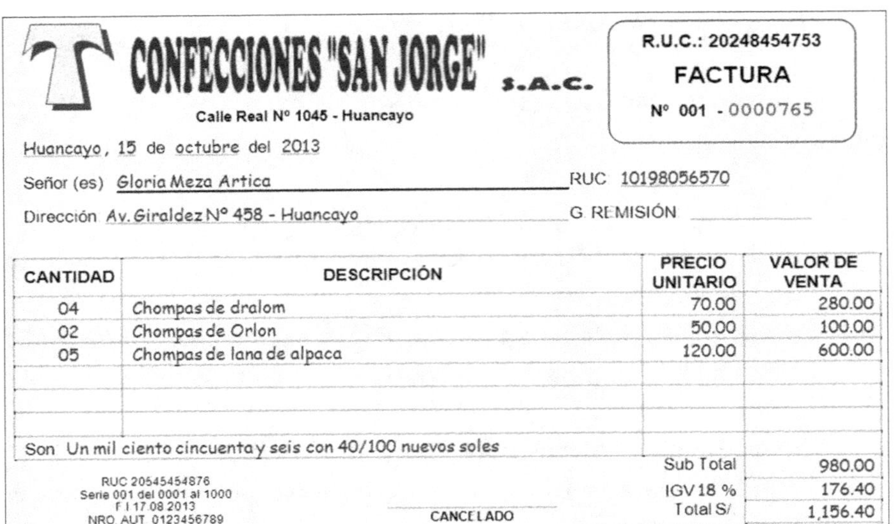

Figura 3.13. Modelo de factura.

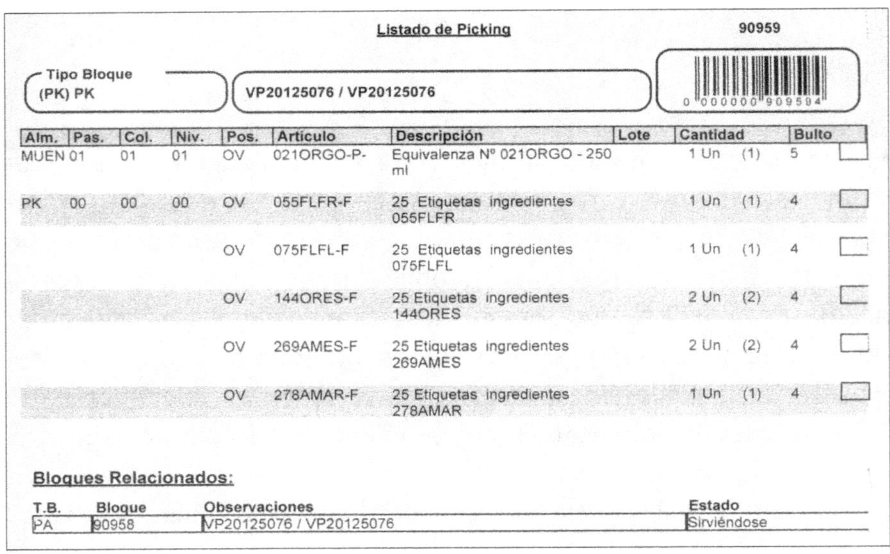

Figura 3.14. Modelo de listado de extracción de mercancías o picking.

GESTIÓN DE EXISTENCIAS EN EL ALMACÉN

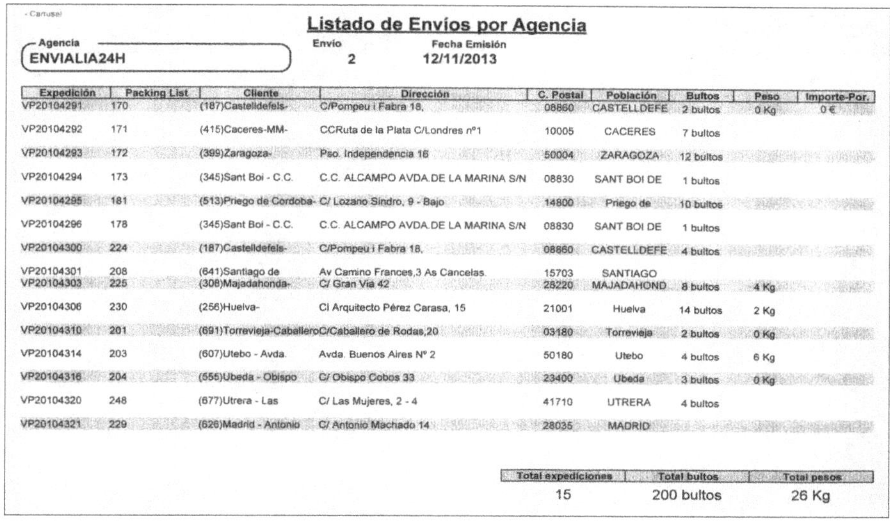

- Carrusel

Listado de Envíos por Agencia

Agencia: **ENVIALIA24H**

Envío: **2** Fecha Emisión: **12/11/2013**

Expedición	Packing List	Cliente	Dirección	C. Postal	Población	Bultos	Peso	Importe-Por.
VP20104291	170	(187)Castelldefels-	C/Pompeu i Fabra 18,	08860	CASTELLDEFE	2 bultos	0 Kg	0 €
VP20104292	171	(415)Caceres-MM-	CCRuta de la Plata C/Londres nº1	10005	CACERES	7 bultos		
VP20104293	172	(399)Zaragoza-	Pso. Independencia 16	50004	ZARAGOZA	12 bultos		
VP20104294	173	(345)Sant Boi - C.C.	C.C. ALCAMPO AVDA.DE LA MARINA S/N	08830	SANT BOI DE	1 bultos		
VP20104295	181	(513)Priego de Cordoba-	C/ Lozano Sindro, 9 - Bajo	14800	Priego de	10 bultos		
VP20104296	178	(345)Sant Boi - C.C.	C.C. ALCAMPO AVDA.DE LA MARINA S/N	08830	SANT BOI DE	1 bultos		
VP20104300	224	(187)Castelldefels-	C/Pompeu i Fabra 18,	08860	CASTELLDEFE	4 bultos		
VP20104301	208	(641)Santiago de	Av Camino Frances,3 As Cancelas.	15703	SANTIAGO			
VP20104303	225	(308)Majadahonda-	C/ Gran Via 42	28220	MAJADAHOND	8 bultos	4 Kg	
VP20104306	230	(256)Huelva-	Cl Arquitecto Pérez Carasa, 15	21001	Huelva	14 bultos	2 Kg	
VP20104310	201	(691)Torrevieja-Caballero	C/Caballero de Rodas,20	03180	Torrevieja	2 bultos	0 Kg	
VP20104314	203	(607)Utebo - Avda.	Avda. Buenos Aires Nº 2	50180	Utebo	4 bultos	6 Kg	
VP20104316	204	(555)Ubeda - Obispo	C/ Obispo Cobos 33	23400	Ubeda	3 bultos	0 Kg	
VP20104320	248	(677)Utrera - Las	C/ Las Mujeres, 2 - 4	41710	UTRERA	4 bultos		
VP20104321	229	(626)Madrid - Antonio	C/ Antonio Machado 14	28035	MADRID			

Total expediciones	Total bultos	Total pesos
15	200 bultos	26 Kg

Figura 3.15. Modelo de listado de transporte.

etc. Esta documentación puede ser digital o impresa, como por ejemplo, la que utiliza lectores de códigos de barras. Es una sistemática que facilita el control y la gestión del almacén, las salidas y los movimientos internos de los productos.

Toda la documentación y la información puede ser encriptada o codificada, por ejemplo, mediante un sistema de códigos de barras, la más habitual actualmente, que proporciona mucha información en un espacio reducido.

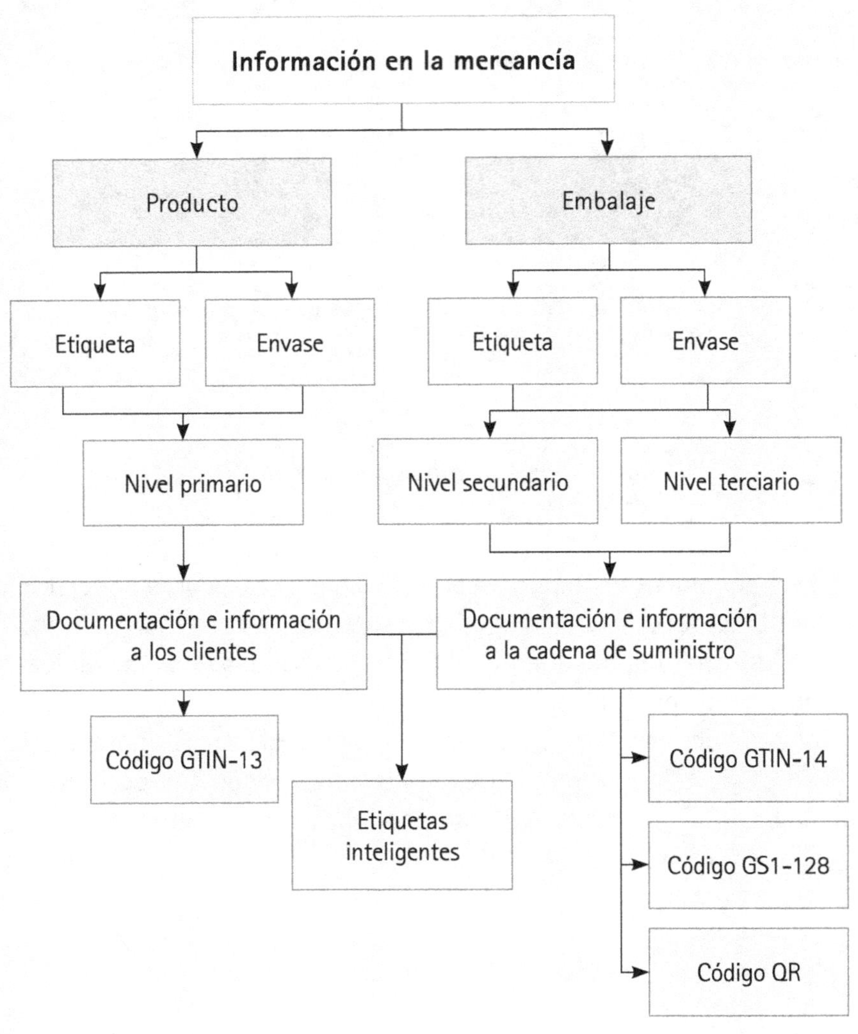

Información en la mercancía
Producto
Embalaje
Etiqueta
Envase
Etiqueta
Envase
Nivel primario
Nivel secundario
Nivel terciario
Documentación e información a los clientes
Documentación e información a la cadena de suministro
Código GTIN-13
Etiquetas inteligentes
Código GTIN-14
Código GS1-128
Código QR

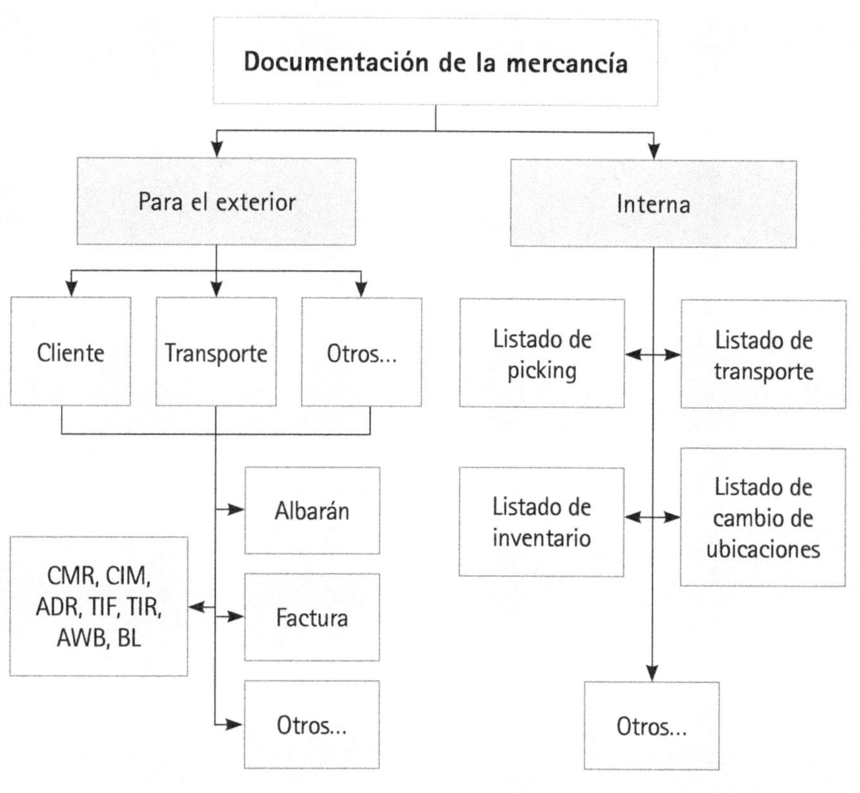

Documentación de la mercancía
Para el exterior
Interna
Cliente
Transporte
Otros...
Listado de picking
Listado de transporte
Albarán
Listado de inventario
Listado de cambio de ubicaciones
CMR, CIM, ADR, TIF, TIR, AWB, BL
Factura
Otros...
Otros...

Capítulo 4
Envase y embalaje

El envase es cualquier recipiente (lata, caja, botella u envoltorio) o sistema, sea del material que sea, que contiene, guarda, almacena y protege el producto de forma directa, para conservar sus cualidades y facilitar su venta unitaria. El envase está diseñado para constituir una unidad

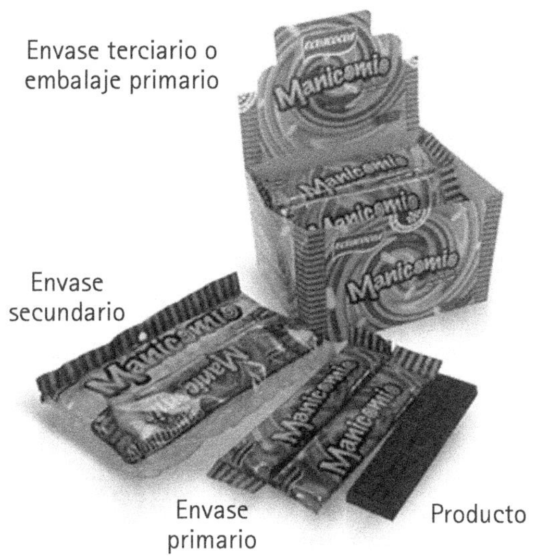

Figura 4.1. Envases primario, secundario y terciario de un producto.

de venta destinada a las personas que han de consumir un producto. Se puede distinguir entre envase primario, secundario y terciario, que normalmente coincide con el embalaje primario.

El embalaje es cualquier recipiente o sistema, de cualquier tipo de material, que almacena y protege al producto y su envase y que facilita la gestión del mismo en la cadena de suministro. El embalaje está diseñado para constituir en el punto de venta una agrupación de un

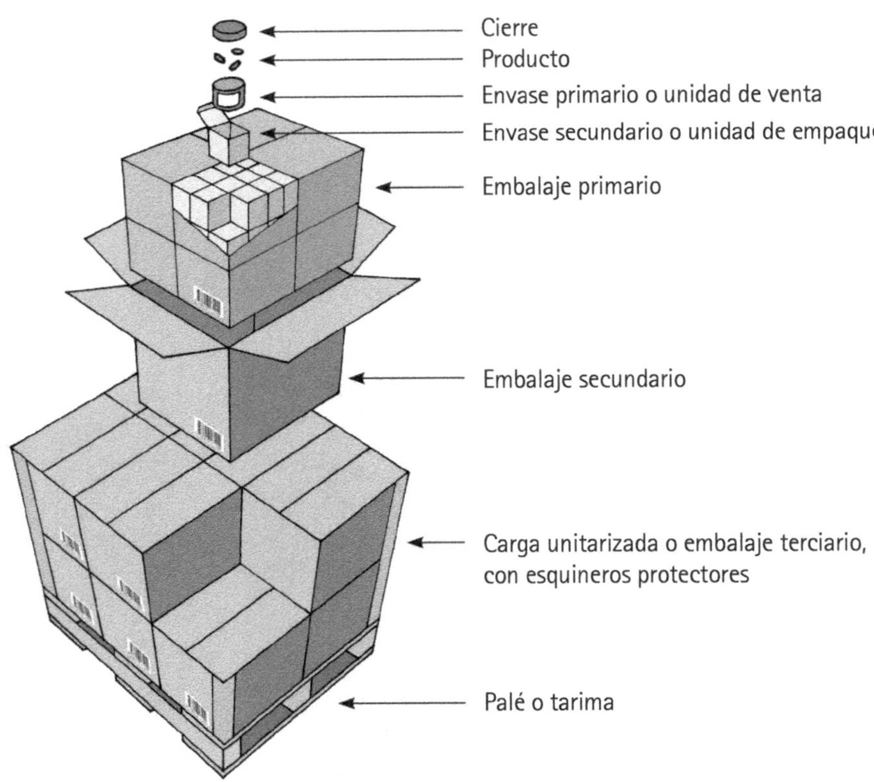

Figura 4.2. Sistema de envasado y embalaje de un producto para formar una unidad de carga sobre un palé.

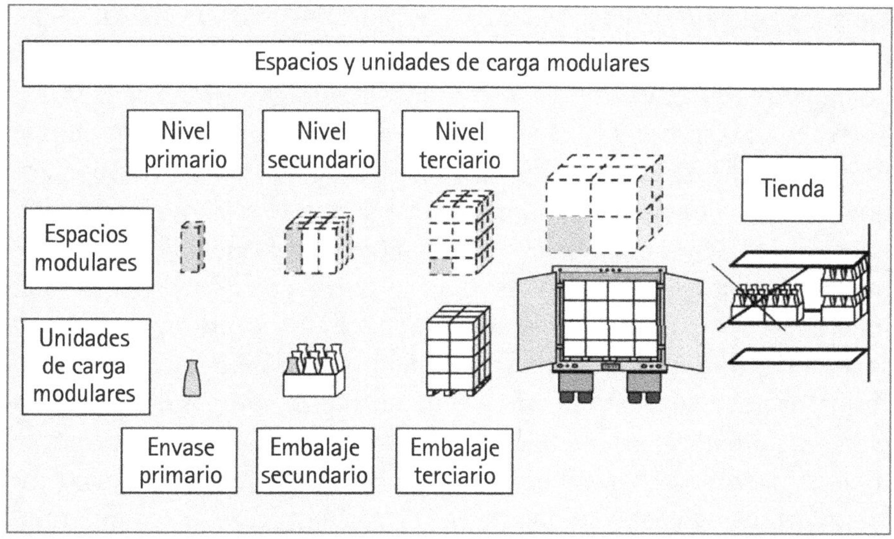

*Figura 4.3. Niveles de envase y embalaje en la cadena de suministro
(fuente: Recomendaciones de AECOC para la logística).*

número determinado de unidades de venta, tanto si va a ser vendido como tal a las personas que han de consumir un producto, como si se utiliza únicamente para reaprovisionar los lineales en el punto de venta. Habitualmente, el embalaje puede separarse del producto sin afectar a las características del mismo. También es embalaje todo lo que facilite la manipulación y el transporte, como los palés de varios embalajes, y que proteja el producto durante su transporte y manipulación.

1 El espacio modular

Los envases y embalajes deben diseñarse de manera modular para conseguir unidades de carga eficientes, tanto en el transporte como en el almacenaje del producto. Según las recomendaciones de AECOC (Asociación Española de Fabricantes y Distribuidores) para la logística, «la unidad de carga es eficiente cuando su configuración optimiza el transporte, el almacenaje y la manipulación que se dan en cada uno de los procesos respectivos de proveedor y distribuidor. En muchos casos, cada una de estas dos partes de la cadena de suministro plantea diferentes necesidades y formas de operar que impiden la continuidad de la configuración inicial de la unidad de carga en el entorno detallista. Factores inherentes a las instalaciones de los fabricantes, el transporte, la categoría de productos, los centros de distribución de distribuidores, los formatos de tienda, la rotación de producto y los métodos de manipulación requieren de configuraciones de unidades de carga diferentes para un mismo proceso. Para tales circunstancias se necesita, en función de los impactos de costos de las unidades de carga, aplicar la configuración óptima que más rentabilice el proceso de proveedor y distribuidor en la cadena de suministro».

2 Tipos de palés

2.1 Europalés

En Europa, los espacios modulares se basan en la norma ISO3394. Se parte de las medidas del palé europeo o europalé, de 1.200 × 800 mm. Los embalajes y los envases han de ser múltiplos de estas medidas para que se puedan ubicar encima del palé sin que sobresalgan. Si se divide el lado más largo del europalé por la mitad, se obtiene el medio palé (800 mm × 600 mm). Si se divide el europalé por la mitad por los dos lados, nos queda un cuarto de palé (600 mm × 400 mm), que no es una medida muy habitual pero que puede ser útil en algunos casos. En la tabla 4.1 aparecen los diferentes múltiplos y submúltiplos del módulo patrón siguiendo la norma ISO3394.

   GESTIÓN DE EXISTENCIAS EN EL ALMACÉN

Figura 4.4. Palé europeo o europalé.

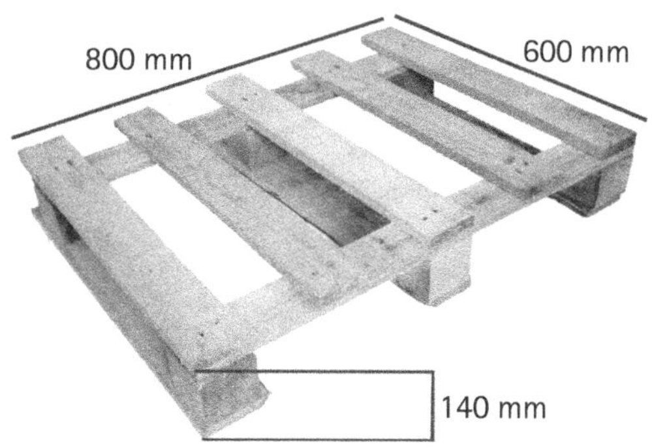

Figura 4.5. Medio palé europeo.

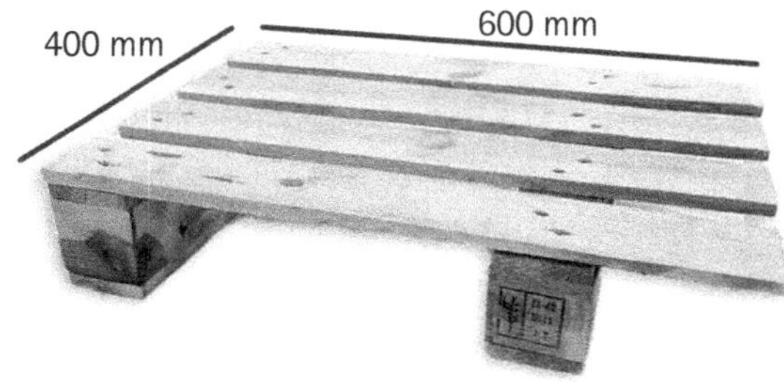

Figura 4.6. Cuarto de palé europeo.

Múltiplos - Módulo patrón 600 × 400 (mm)			
1.200 × 800 (mm) – 4 módulos		800 × 600 (mm) – 2 módulos	
Submúltiplos (mm)			
600 × 400	600 × 200	600 × 133	600 × 100
300 × 400	300 × 200	300 × 133	300 × 100
200 × 400	200 × 200	200 × 133	200 × 100
150 × 400	150 × 400	150 × 133	150 × 100
120 × 400	120 × 400	120 × 133	120 × 100

Tabla 4.1. Tamaños modulares del palé europeo, según la norma ISO 3394.

2.2   Palés americanos

Las medidas del palé americano o estándar son un poco diferentes de las del europalé: 1.200 mm × 1.000 mm.

La modularidad del embalaje, ya sea europalé o palé americano, facilita el almacenaje y el transporte (por ejemplo, maximiza la ocupación), estandariza la tipología de las estanterías y los recursos materiales, como la maquinaria, favorece la seguridad al conseguir cargas más equilibradas y asentadas, y permite reducir los costos a la empresa.

Las cargas paletizadas han de cumplir los siguientes requisitos para conseguir que la gestión sea más eficaz y el espacio más eficiente:

- **La mercancía no ha de sobresalir** por ningún lado de la base del palé, para maximizar la utilización del espacio, tanto del almacén como del transporte.
- Se ha de conseguir el **total aprovechamiento de la base** del palé para maximizar la ocupación del mismo.

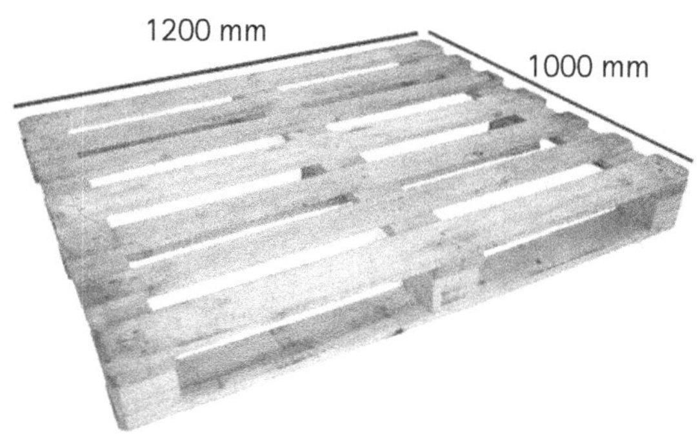

Figura 4.7. Palé americano o estándar.

- **La configuración de la carga paletizada** ha de facilitar la apertura, la extracción y el desmontado de los productos, y con ello la gestión de entrada o salida en el almacén.
- La configuración ha de estar diseñada de forma que todos los embalajes tengan como mínimo **una de las caras en la parte exterior del palé.** De este modo pueden leerse mediante sistemas de gestión como los códigos de barras y las pistolas lectoras, lo que facilitará la gestión de entrada y salida. Dicha configuración no es necesaria cuando se utilizan etiquetas inteligentes.
- **Hay que proteger el producto** y el embalaje secundario, tanto en el almacenaje como en el transporte y sus posibles manipulaciones.

La aplicación de esta sistemática permite colocar 33 europalés o 26 palés americanos en un camión tráiler que no sobrepase los 16,50 m (cabeza tractora más semirremolque), con un aprovechamiento del espacio de transporte casi del 100 % de la base del semirremolque.

Los pesos máximos recomendados y estandarizados para el embalaje terciario son los siguientes:

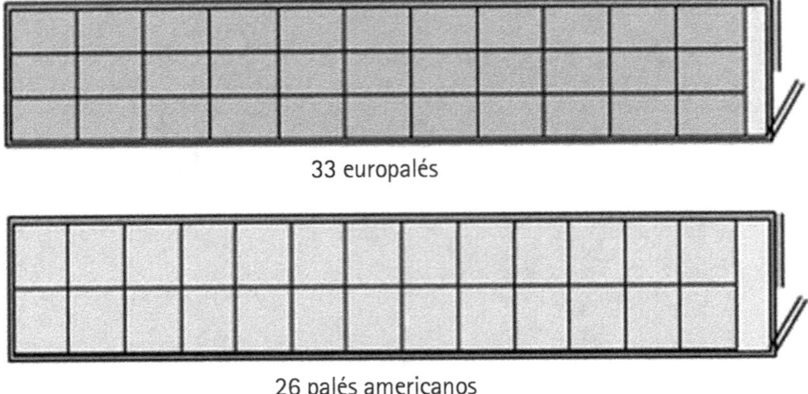

Figura 4.8. Capacidad sobre la base de la superficie de un semirremolque tráiler.

- En los palés, ya sea europalé o palé americano, es recomendable no sobrepasar los 1.000 kg.
- En el medio palé no se debería sobrepasar los 500 kg.
- En el cuarto de palé no hay que sobrepasar los 250 kg.

3   La estabilidad de la carga

En el embalaje terciario es importante tener en cuenta también la estabilidad de la carga, un aspecto que se rige por la norma ISO 10531/1992. Para dar estabilidad a la carga, en primer lugar se ha de respetar la altura máxima de los embalajes, que viene marcada por la capacidad del transporte. En los tráileres y los contenedores no debe superar los 2,60 m, incluido el palé. En los transportes con temperatura controlada la altura máxima es de 2,40 m. Normalmente, las alturas se pactan o acuerdan entre las partes implicadas, empresa proveedora, transportista y cliente, ya que algunos almacenes no están preparados para recibir mercancías con estas alturas de embalaje, lo que obligaría a adaptar la entrada.

   GESTIÓN DE EXISTENCIAS EN EL ALMACÉN

Para garantizar la estabilidad, en el medio palé y en el cuarto de palé la altura máxima será de 1,30 m, si bien en productos como el agua, la leche o los refrescos se podría llegar a 1,45 m.

La carga más pesada siempre ha de estar lo más cerca posible de la base, mientras que los productos frágiles o livianos se han de situar en la parte superior. Se ha de tener en cuenta el peso máximo soportado por el embalaje secundario y la fragilidad del producto.

Uno de las sistemas que facilitan la estabilidad del embalaje terciario es el retractilado de la mercancía con el palé, dejando siempre las aberturas del mismo libres para poder introducir las palas de los elementos de manutención para el transporte de palés. Es recomendable medir la paletización, el embalaje terciario, de la mercancía aplicando las normas siguientes:

- Norma ISO 4180, partes I y II sobre embalajes de expedición completos y llenos. Reglas generales para el establecimiento de programas de ensayo de aptitud al empleo.
- Norma AFNOR H 00.050 de cargas paletizadas, métodos generales de ensayo.
- Norma ISO 2247 de ensayos de vibración-transporte.

4   El embalaje secundario

El embalaje secundario se habrá de regir por los siguientes parámetros:

- **Ha de ser modular,** tal como se ha indicado anteriormente, para que no sobresalga del palé, y ha de tener una de sus caras en la parte externa del palé con la correspondiente etiqueta o marcado en caja.
- **Tiene que ser lo suficientemente robusto** como para proteger su contenido durante el almacenaje, la manipulación y el transporte.

- **El peso máximo** no ha de exceder lo establecido por las normativas de prevención de riesgos laborales de cada país.[1] Se considera aceptable manipular una masa máxima de 25 kg para hombres y 15 kg para mujeres, mayores o menores siempre que las condiciones óptimas de manutención se respeten. Además, su altura, anchura y longitud no ha de entrañar riesgos de manipulación y permitir la accesibilidad ergonómica, y la persona no ha de recorrer más de 30 m con la carga.

El embalaje secundario tiene también una función de mercadotecnia, ya que favorece el conocimiento y el reconocimiento de la marca y el producto durante toda la cadena de suministro.

5 El embalaje primario

Para el embalaje primario o envase secundario se seguirán unos parámetros y unas recomendaciones parecidas a las del secundario:

- **Ha de ser modular** para facilitar la utilización de embalajes modulares de segundo nivel.
- **Tiene que ser lo suficientemente robusto** como para proteger su contenido durante el almacenamiento, la manipulación y el transporte.
- **El peso máximo** no ha de exceder lo establecido por las normativas de prevención de riesgos laborales.

Los envases primarios y secundarios o embalajes primarios desempeñan también una función de mercadotecnia, ya que están mayoritariamente destinados al cliente final (véanse las figuras 4.9 y 4.10).

....

[1] En España, el Real Decreto 487/1997.

Figura 4.9. Envases primarios.

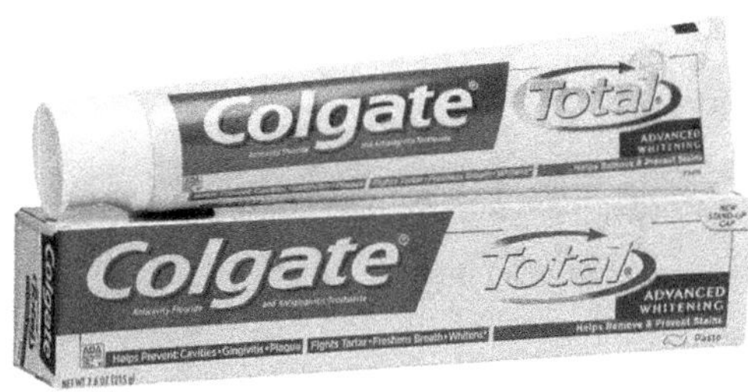

Figura 4.10. Envases primario y secundario de un producto.

Los envases y los embalajes pueden ser de diferentes materiales pero siempre han de proteger el producto, permitir que desempeñe su función de mercadotécnica y facilitar el almacenaje y el transporte y garantizar la seguridad del contenido. Entre otros envases y embalajes se utilizan los que se resumen en la tabla 4.2.

Debido al gran consumo de productos envasados y embalados, se producen muchos residuos que han de ser tratados y reciclados. En Europa se implantó la directiva 94/62.[2] Según esta, las empresas tienen la obligación de prevenir y reducir el impacto de los envases y embalajes en el medio ambiente y de gestionar los residuos durante todo el ciclo de vida del producto.

Bandejas de plástico, cartón, metálicas, retractiladas
Bidones metálicos, de plástico y vidrio
Bobinas, rollos
Botellas de plástico y vidrio
Cajas de cartón, plástico y madera
Carros logísticos o contenedores rodantes y jaulas
Cartón para alimentos y bebidas *(tetra brik)*
Contenedores metálicos y de plástico
Depósitos paletizados o sin paletizar de plástico y metálicos
Jerricanes de plástico o metálicos
Palés de madera, plástico, cartón y metálicos
Paquetes de cartón y retractilado para cargas largas
Sacos y bolsas de papel, plástico, tejido

Tabla 4.2. Tipos de envases y embalajes más utilizados.

---

[2] En España se legisló mediante la ley 11/1997.

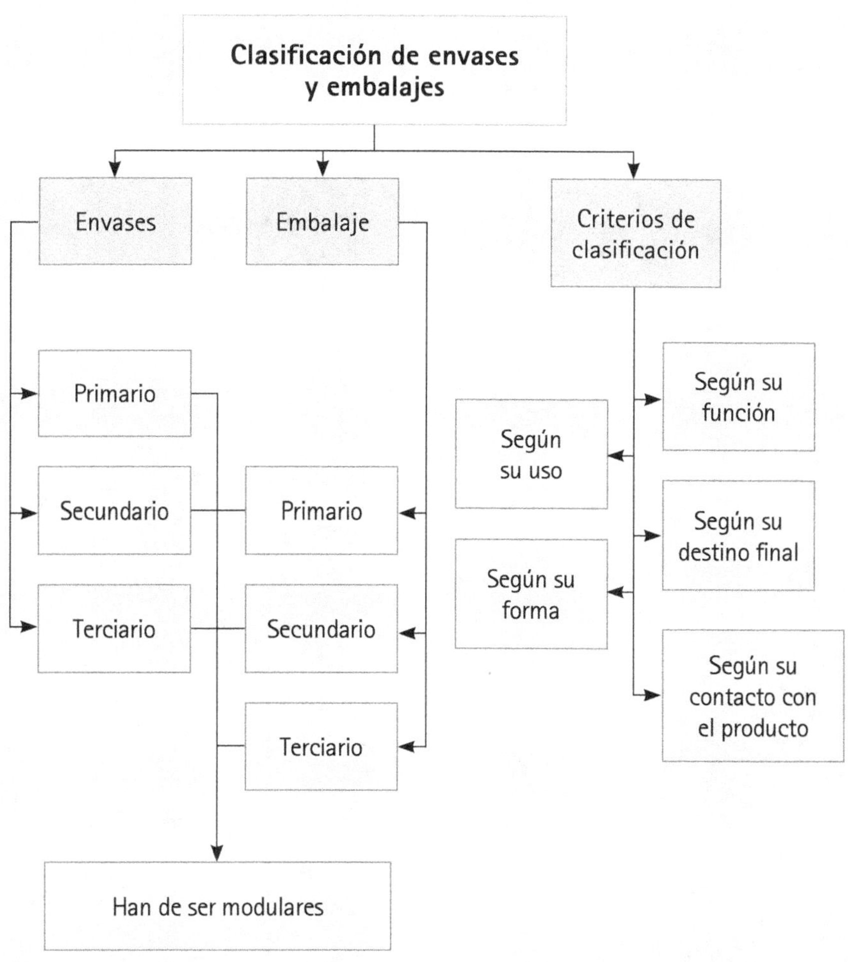

Clasificación de envases y embalajes
Envases
Embalaje
Criterios de clasificación
Primario
Secundario
Terciario
Primario
Secundario
Terciario
Según su uso
Según su forma
Según su función
Según su destino final
Según su contacto con el producto
Han de ser modulares

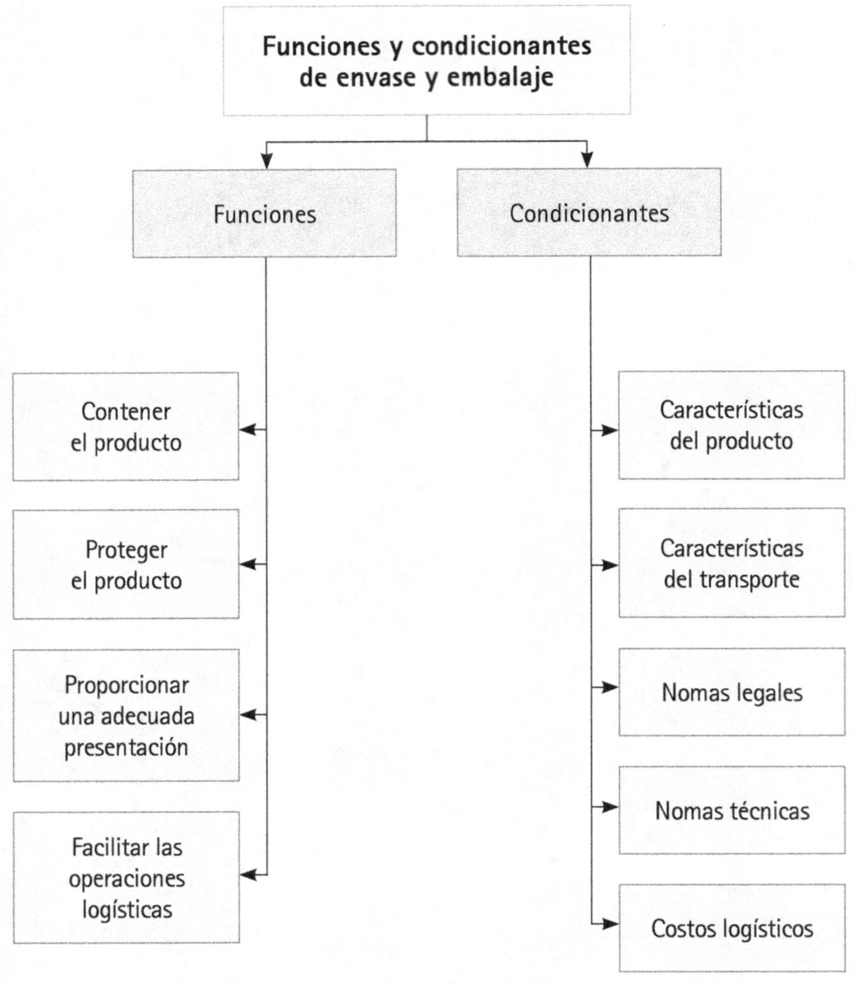

Funciones y condicionantes
de envase y embalaje
Funciones
Condicionantes
Contener
el producto
Proteger
el producto
Proporcionar
una adecuada
presentación
Facilitar las
operaciones
logísticas
Características
del producto
Características
del transporte
Nomas legales
Nomas técnicas
Costos logísticos

Capítulo 5

Detección y tratamiento de incidencias en la atención de pedidos

La preparación de pedidos es una de las actividades más complejas del almacén y uno de los factores clave para medir el nivel de servicio que desde él se presta a los clientes externos o internos de la empresa. Pero también es uno de los puntos donde existen más posibilidades de cometer errores, que se pueden reducir con la introducción de la tecnología, la mecanización, los sistemas informáticos, los diferentes niveles de automatización, la estandarización de las operaciones y, sobre todo, la formación del personal implicado directa e indirectamente en estas operaciones.

Una entrega errónea provoca una mala imagen, suscita la desconfianza del cliente, genera costos de devolución y de reparación del error (por ejemplo, hay que volver a preparar el pedido), da lugar a posibles problemas de existencias por descuadre y obliga a organizar un nuevo transporte hasta el cliente y a mover innecesariamente la mercancía, lo que puede propiciar posibles defectos en el embalaje o en la propia mercancía.

1 Errores más comunes

Los errores más comunes en la preparación de pedidos son la falta de algún artículo, el envío de un artículo erróneo o de una cantidad que no se corresponde con lo pedido.

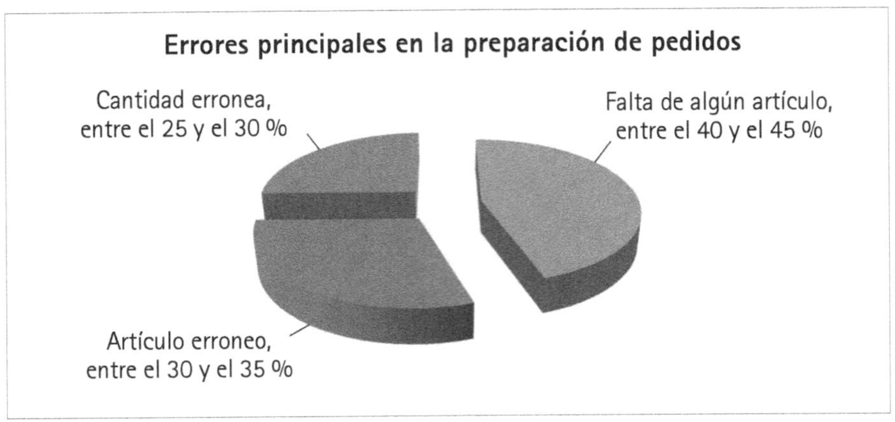

Figura 5.1. Principales errores en la preparación de pedidos.

- **Falta de algún artículo**

  Es una incidencia muy común (entre el 40 y el 45 % de los errores) que se produce por diferentes circunstancias: errores en la transmisión, preparación, recogida o entrega del pedido; falta de existencias del producto; dificultades para localizar la mercancía en el almacén por no estar ubicada correctamente o porque se ha informado erróneamente de su ubicación, entrada o salida de las existencias.

- **Artículos erróneos**

  Este incidente, también muy común (entre el 30 y el 35 % de los casos), consiste en entregar al cliente productos no demandados, ya sea por errores en la recogida, la preparación, la ubicación o la entrega del pedido; ya sea por referencias o informaciones erróneas, sobre su ubicación, entrada o salida de las existencias.

- **Cantidades erróneas**

  Entre el 25 y el 30 % de los errores consisten en que se entrega menos (lo más habitual) o más cantidad que la pedida. Esta inci-

     GESTIÓN DE EXISTENCIAS EN EL ALMACÉN

dencia puede ser provocada por errores en la ubicación, la preparación, la recogida o la entrega del pedido; por no disponerse de cantidad de existencias suficiente, no hallarse la cantidad total del producto demandado en el almacén; o bien por informaciones erróneas sobre su ubicación, la entrada o salida de las existencias.

Si se observan detalladamente los tres tipos de incidencias, se puede comprobar que se pueden producir errores en todas las fases de la preparación y la entrega de los pedidos, y que la mayoría de ellos se deben a dos causas, que normalmente aparecen de forma conjunta ya que se retroalimentan entre ellas.

- Una deficiente, mala o nula gestión y el correspondiente control de todo el proceso.
- Errores humanos de las personas implicadas en el proceso, ya sea por parte del cliente, en el área comercial de la empresa vendedora, o entre las personas que recogen los pedidos, los introducen en sus embalajes, los preparan, los cargan en los vehículos de transporte o los reparten.

La deficiente, mala o nula gestión y control del proceso suele conllevar una gran cantidad de errores humanos, que normalmente quedarían minimizados con una gestión adecuada. Los errores contribuyen a reducir la productividad, a aumentar los costos, y a provocar la insatisfacción del cliente y de las personas implicadas en el proceso.

Los tres grandes tipos de incidencias citados anteriormente representan entre el 80 y el 90 % de los errores que tienen lugar en la preparación de los pedidos. Si se reducen, se conseguirán importantes mejoras en la productividad y la rebaja de costos. Para alcanzar este objetivo, hay que implementar, en el caso de que no exista, una gestión y un control de los procesos, lo que normalmente implica un cambio global en los procedimientos de la empresa, que afectará a los sistemas, al personal y a la manera de interrelacionarse entre ellos, así como entre la empresa proveedora y la compradora. En el caso de que el sistema de gestión y control esté ya implantado, habrá que identificar los puntos donde es deficiente y establecer los cambios o las mejoras que se han de llevar a cabo para reducir las incidencias.

2 Sistemas para reducir los errores humanos

Junto a la gestión y el control también se han de implantar sistemas que reduzcan los errores humanos. Uno de las más eficaces es la formación del personal. Para reducir o minimizar los errores, hay que utilizar de manera eficiente tres sistemas:

- **La tecnología y los sistemas informáticos**, incluyendo ordenadores, programas del tipo sistemas de gestión corporativa *(enterprise resource planning* o ERP) o gestión de almacén (SGA) y las herramientas que pueden integrarse con ellos, como etiquetadoras, impresoras, dispositivos lectores, identificación por radiofrecuencia *(radio frequency identification data* o RFID), sistemas de extracción de mercancías por voz *(pick to voice)*, por dispositivos luminosos *(pick to light)* y por guiado óptico *(pick to visión)*, y terminales portátiles para la realización de pedidos o las entregas.

- **La gestión y el control** para lograr que la información fluya de modo coherente y efectivo en el seno de la organización y hacia el exterior. Se han de gestionar y controlar las incidencias para poder detectarlas y eliminarlas o minimizarlas al máximo y aprender de ellas.

- **La comunicación** dentro y fuera de la organización, siempre en 360°, es necesaria para la implantación, el funcionamiento y las posteriores mejoras de la gestión y el control.

La gestión y el control de las incidencias tiene como objetivo facilitar la implantación de mejoras para que no se repitan los errores que las han originado y de esta manera reducir los costos. Por esta razón, las incidencias se han de detectar, tratar, gestionar, controlar, cuantificar, valorarlas económicamente y solucionar. Una vez se tenga toda esta información, se ha de estudiar cómo mejorar o modificar los flujos implicados para minimizar las incidencias o eliminarlas, y cuantificar el costo de los cambios que se necesitan implementar para tomar la decisión más adecuada.

Es primordial contar con procedimientos definidos y conocidos por todos los agentes implicados, tanto el personal de la empresa, como el de las empresas clientes y proveedoras, sobre todo a la hora de recepcionar una incidencia. Este sistema ha de ser fácil, ágil y claro, e incluir la información necesaria para dar los siguientes pasos para solucionar la incidencia e implementar las mejoras para que no se vuelva a producir.

Una vez recepcionada, hay que informar y solucionar la incidencia de modo que el cliente perciba que realmente es importante para la empresa y que esta se preocupa por él. A veces la solución es rápida, pero en otros casos puede comportar tiempo y esfuerzo. En cualquier caso es vital que el cliente esté informado. Si es así, es más fácil que él mismo ayude a solucionar la incidencia.

Una vez que la incidencia esté solucionada o se encuentre en vías de solución, hay que hacer un estudio de sus causas, dónde o en qué punto o puntos del flujo se ha producido y qué la ha provocado. Se ha de valorar su importancia y planificar los siguientes pasos. Durante este estudio se propondrán medidas correctoras para minimizar o evitar la reincidencia del error, sus costos y las implicaciones o cambios necesarios a implementar la gestión, el sistema, el flujo, el personal y los recursos materiales, así como los tiempos necesarios para su implantación. Para finalizar, se aplicarán la o las soluciones propuestas y se hará un seguimiento y control de la mejora conseguida.

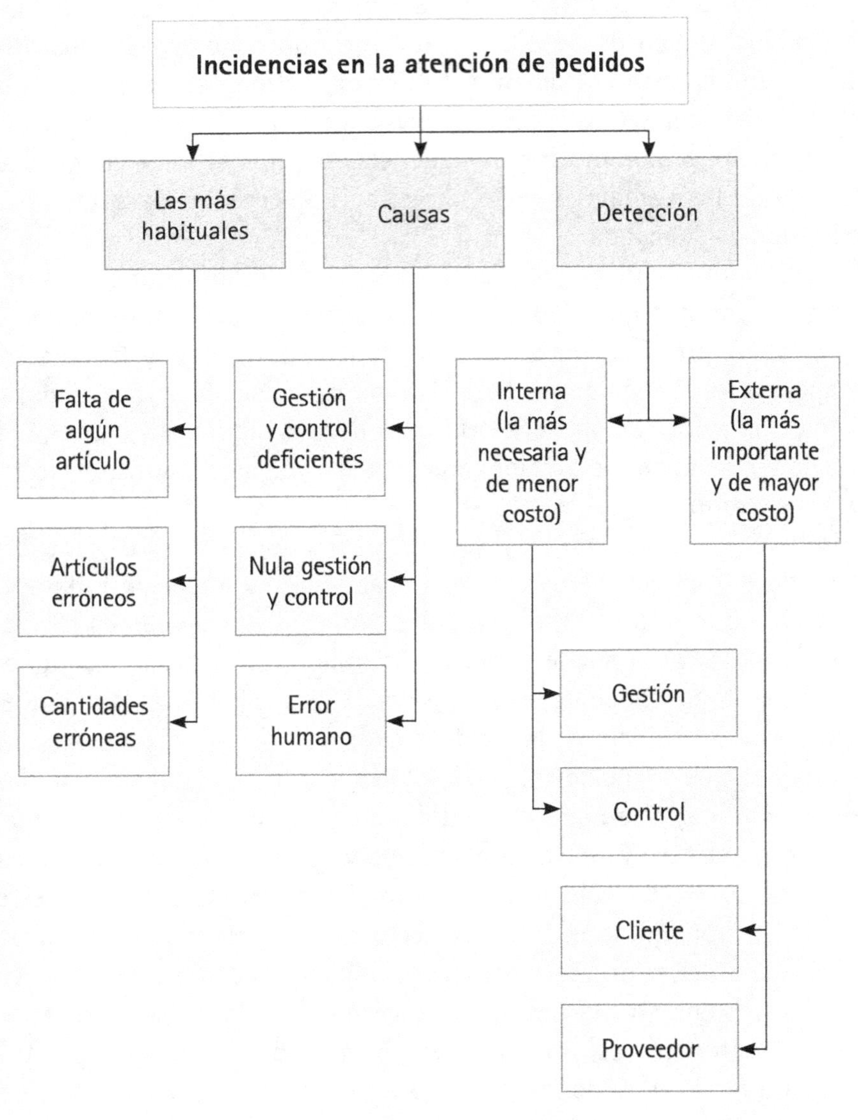
Incidencias en la atención de pedidos
Las más habituales
Causas
Detección
Falta de algún artículo
Gestión y control deficientes
Interna (la más necesaria y de menor costo)
Externa (la más importante y de mayor costo)
Artículos erróneos
Nula gestión y control
Cantidades erróneas
Error humano
Gestión
Control
Cliente
Proveedor

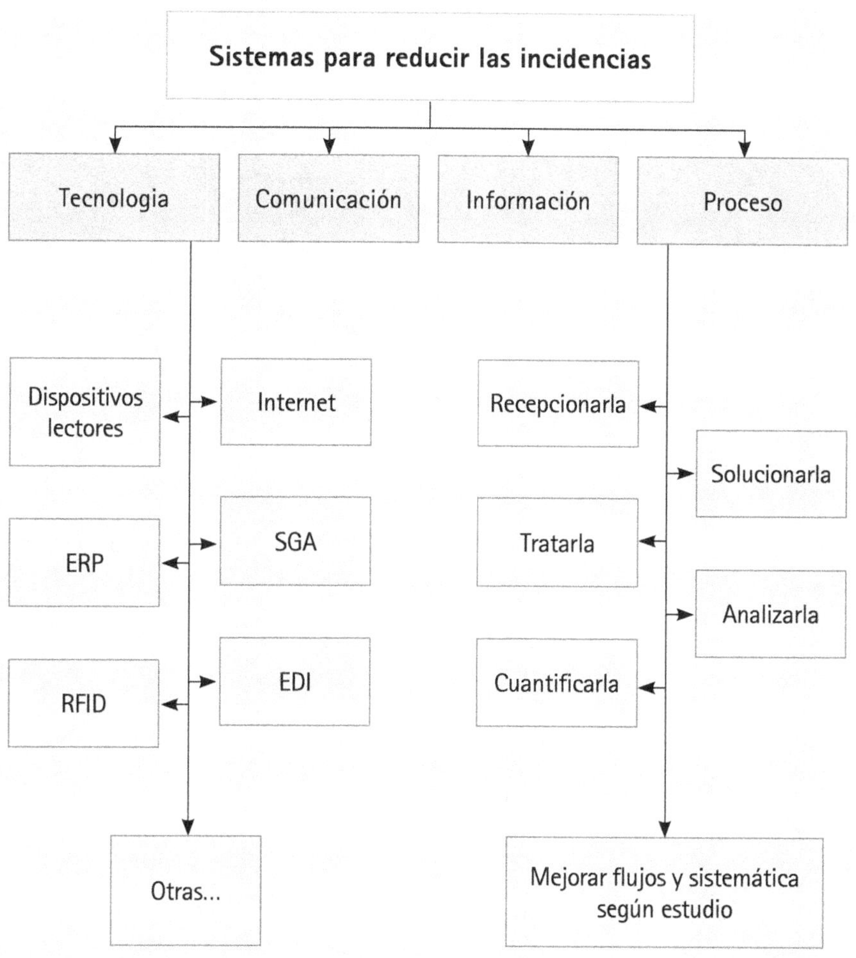

Sistemas para reducir las incidencias
Tecnologia
Comunicación
Información
Proceso
Dispositivos lectores
Internet
Recepcionarla
Solucionarla
ERP
SGA
Tratarla
Analizarla
RFID
EDI
Cuantificarla
Otras...
Mejorar flujos y sistemática según estudio

Capítulo 6

Indicadores de gestión de existencias

Los indicadores clave de rendimiento, también conocidos como KPI (siglas de *key performance indicator)* permiten medir y evaluar las consecuencias de las decisiones tomadas y sientan las bases para ajustar y regular las acciones presentes y futuras. Son los signos vitales de la organización, y su continuo monitoreo permite establecer las condiciones e identificar los síntomas que se derivan del desarrollo normal de las actividades. Es muy importante que los indicadores de gestión estén basados en datos veraces y fiables para conseguir una interpretación y un análisis correcto de la situación.

A nivel empresarial, se han de medir aquellos aspectos que permiten valorar qué se está haciendo, cómo, con qué recursos, el resultado de las estrategias y los cambios realizados y su deviación respecto a los objetivos.

Los indicadores pueden expresarse de diferentes maneras. Las más habituales son las unidades de medida, por ejemplo, de cantidad, volumen, peso o tiempo.

Los indicadores logísticos tratan de evaluar la eficiencia de la gestión logística de la empresa, en los flujos físicos, documentales o de información, con el control permanente de las operaciones, el seguimiento de las desviaciones de los objetivos y la retroalimentación del sistema para una mejora global de la cadena de suministro.

Los indicadores de gestión más usuales en logística son los de productividad, ocupación del almacén, recursos humanos, servicio y calidad de este. Existen otros indicadores, por ejemplo los de nivel económico, mediante los cuales se puede obtener el valor monetario de las existencias.

Los sistemas de gestión empresarial (ERP) y de gestión de almacenes (SGA) facilitan muchos de los indicadores clave de rendimiento. De una manera más o menos automatizada permiten obtener resultados y facilitan la toma de las decisiones oportunas para conseguir los objetivos de la organización. Cada indicador de gestión debe satisfacer los siguientes criterios o atributos:

- **Ser medible:** ha de ser cuantificable ya sea el grado o la frecuencia de la cantidad.
- **Ser entendible:** ha de ser reconocido fácilmente por todos aquellos que lo usan.
- **Ser controlable:** debe ser controlable dentro de la estructura de la organización.

Los indicadores de gestión pueden expresarse de diferentes formas.

1 Indicadores de productividad

$$Cantidad/hora = \frac{Cantidad\ de\ movimientos\ realizados\ en\ un\ tiempo\ determinado}{Tiempo\ concreto}$$

El tiempo puede ser medido en horas, días, semanas, meses, etc. Normalmente, se expresa en horas laborales realizadas por las personas que llevan a cabo una determinada tarea para conseguir el resultado en la unidad de tiempo, hora/persona u hora/máquina. Con este indicador se puede obtener la productividad de diferentes tareas, simplemente cambiando el numerador de la división. Esta operación permite calcular, por ejemplo, los indicadores en la recepción de mercancías, el almacenaje, la preparación de pedidos o las salidas.

- **Indicadores en la recepción de mercancías**
  - Número de pedidos recibidos.
  - Cantidades de productos.
  - Número de líneas por pedido.
  - Número de cajas o palés.
  - Camiones recibidos.

Siempre que interese para mejorar los procesos, se pueden calcular tareas más concretas, como la descarga física, la recepción documental o el etiquetaje, entre otras, o hacer cálculos por tipo de almacén o producto. Todo dependerá de lo que cueste realizar dicho control y el beneficio que se pueda conseguir. Se podrá saber en cada momento qué recursos humanos o materiales son necesarios si se dispone de la planificación de las llegadas. De estos cálculos y su control debe encargarse el personal responsable de la recepción de las mercancías.

- **Indicadores en el almacenaje**
  - Número de productos.
  - Cantidad de producto.
  - Cantidad de cajas o palés ubicados.

Es aconsejable medir y calcular de manera separada las ubicaciones, los movimientos internos (organizar, desubicar y ubicar una misma caja o palé) y las desubicaciones, ya que son tareas con diferentes necesidades, que, además, pueden variar según el tipo de producto, almacén o salida (producción, preparación de pedidos, expedición, devolución, etc.). Si se han planificado las necesidades de ubicaciones, movimientos internos y desubicaciones, se podrá conocer qué recursos humanos y materiales se requieren en cada momento. De estos cálculos y su control se debe encargar el personal responsable de recepción o entradas de mercancías.

• **Indicadores en la preparación de pedidos**
  - Número de pedidos preparados.
  - Cantidades de productos.
  - Número de líneas por pedido.
  - Cantidad de cajas o palés.

Es aconsejable medir y calcular de forma separada cada ítem, ya que dentro del mismo flujo pueden existir diferentes necesidades que, además, pueden variar según el tipo de producto, de almacén o de salida. Se podrá saber qué recursos humanos y materiales se necesitan en cada momento si se ha planificado la preparación de pedidos. De estos cálculos y su control se debe responsabilizar el personal que efectúa la preparación de pedidos.

• **Indicadores en las salidas o expediciones**
  - Número de salidas.
  - Cantidades de pedidos.
  - Cantidad de cajas o palés.
  - Número de vehículos cargados.

Si se planifican las expediciones que se han de realizar, se puede conocer qué personal y qué recursos materiales se necesitan en cada momento. De estos cálculos y su control debe encargarse el personal responsable de expediciones. En todos los casos, los datos extraídos permitirán fijar los objetivos de productividad por tareas, personal o recursos materiales, cuáles son los más adecuados para cada tarea, las posibles desviaciones y las necesidades de formación del personal. Es recomendable hacer estos cálculos diariamente.

2 Indicadores de ocupación del almacén

$$Porcentaje\ de\ ocupación = \frac{Ocupación\ real \cdot 100}{Ocupación\ máxima\ posible}$$

La ocupación real y la máxima han de estar valoradas con la misma unidad de medida, ya sean metros cúbicos, volumen, palés o cajas. En este indicador de gestión, los resultados pueden variar según el sector, los productos y la tipología del almacén, aunque normalmente deben situarse entre el 80 y el 90 % de la ocupación máxima. Entre el 10 y el 20 % restante se utilizan para absorber y ubicar posibles puntas de entrada que pudieran darse en un momento determinado.

Si los porcentajes de ocupación son superiores de manera sostenida, es posible que se trabaje con un producto de consumo estable y no se produzcan puntas, que exista una gestión de aprovisionamiento deficiente, que no se equilibren las entradas y las salidas, o que se necesite más espacio. Por el contrario, si los porcentajes son inferiores, es posible el almacén esté sobredimensionado.

Este indicador se puede calcular también para controlar los espacios marcados con un sistema ABC y realizar los cambios oportunos según las necesidades. Es recomendable calcular este indicador mensualmente. De estos cálculos y su control debe encargarse el personal responsable del almacén.

3 Indicadores sobre recursos humanos

Los indicadores de gestión de recursos humanos pueden referirse al absentismo, las horas extras o la rotación de personal, entre otros factores. En todos los casos, los resultados pueden variar dependiendo del sector y de las tareas. De estos cálculos y su control debe encargarse el personal responsable de recursos humanos. En su defecto, corresponde al área de administración. Se debe informar de los resultados a la dirección logística y la dirección de operaciones o gerencia para que puedan planificar las tareas con todos los condicionantes posibles o, en su caso, tomar las medidas correctoras que correspondan.

- **Absentismo**

$$Porcentaje\ de\ absentismo = \frac{Total\ de\ horas\ de\ ausencia \cdot 100}{Total\ horas\ contratadas}$$

La medición se hace normalmente por horas, a nivel global o por departamentos, contabilizando el absentismo justificado y no justificado. Con este indicador se obtendrá la disponibilidad de recursos humanos, teniendo presente posibles ausencias, ya sean justificadas o no. Es recomendable calcular este indicador mensualmente.

- **Horas extras**

$$Porcentaje\ de\ horas\ extras = \frac{Total\ de\ horas\ fuera\ horario\ establecido \cdot 100}{Total\ horas\ contratadas}$$

La medición se realiza por horas. Con este indicador se puede saber si se necesitan o no más recursos humanos para realizar las tareas previstas. También permite conocer y controlar las posibles modificaciones de los sistemas, los recursos y las necesidades de formación del personal para reducir los tiempos y las horas extras. Este ratio normalmente se realiza por departamento. Es recomendable calcular este indicador mensualmente.

* **Rotación del personal**

$$Porcentaje\ de\ rotación\ del\ personal = \frac{Personas\ contratadas \cdot 100}{Número\ de\ puestos, personas\ necesarias}$$

Este indicador permite analizar las posibles modificaciones de los sistemas, los recursos y las necesidades de formación del personal para reducir su rotación y las pérdidas de tiempo. Es un ratio que normalmente se realiza por departamento. Es recomendable calcular este indicador anualmente, pero puede reducirse el período en caso de necesidad.

4 Indicadores sobre el servicio

Los indicadores sobre el servicio pueden referirse a aspectos como la cobertura de las existencias, su rotación, las existencias obsoletas o la calidad del servicio (entradas, salidas, servicio al cliente, etc.), entre otros. De estos cálculos y su control debe encargarse el personal responsable del almacén.

- **Cobertura de las existencias**

$$\text{Número de días} = \frac{\text{Cantidad de existencias}}{\text{(Cantidad salida de las existencias)/} \text{(Durante un tiempo estipulado)}}$$

La cantidad de producto almacenada y la de salida han de estar valoradas en la misma unidad de medida: por ejemplo, unidades de producto, cajas o palés. El resultado puede medirse en días, horas o semanas, en función del producto, el mercado y su estacionalidad, la capacidad del almacén o el tiempo de reaprovisionamiento, entre otros factores. Este resultado indicará el período de tiempo durante el que, con una venta estándar, se podrá mantener el servicio al cliente sin rotura de existencias. Este indicador se calcula para cada producto o por familia de productos. También facilita información de los productos que están reduciendo su salida o que entran en su periodo de madurez o extinción. La frecuencia del cálculo recomendada es mensual, pero teniendo presente que depende del producto y la estacionalidad.

- **Rotación de las existencias**

$$\text{Número de veces por tiempo x} = \frac{\text{Cantidad salida} \cdot \text{Periodo de tiempo x}}{\text{Promedio de las existencias durante el tiempo x}}$$

Expresa la cantidad de producto que ha salido y se ha repuesto en un periodo de tiempo determinado. Si el resultado es un numero bajo, se ha de estudiar si el producto está en declive, maduro o si el aprovisionamiento es el adecuado. El resultado idóneo es un número elevado, siempre que no existan roturas de existencias.

Este indicador se calcula para cada producto o por familia de productos. Con él se obtendrá la frecuencia de renovación de las existencias, se verificará que la gestión de aprovisionamiento es la correcta y se facilitará información valiosa a los departamentos de ventas y comercial. La frecuencia del cálculo dependerá de la fase en que el producto se encuentre y del mercado.

- **Existencias obsoletas**

$$Porcentaje\ de\ existencias\ obsoletas = \frac{Cantidad\ de\ existecias\ obsoletas \cdot 100}{Cantidad\ de\ existencias}$$

Las existencias obsoletas y las totales se han de agrupar y medir de la misma manera, ya sea por producto, familia o globalmente. El resultado de este indicador es el porcentaje de producto obsoleto almacenado, que es conveniente que sea cero o cercano a él. Este indicador se puede calcular para cada producto, por familias de producto e incluso a nivel global del almacén. La frecuencia de cálculo recomendable es mensual, pero dependerá mucho del tipo de producto y su estacionalidad, entre otros factores.

5 Indicadores sobre la calidad del servicio

Se puede medir la calidad del servicio para las entradas y las salidas de mercancías del almacén. La frecuencia de cálculo recomendable depende mucho del tipo de almacén y del volumen de sus flujos, pero puede ser anual, semestral, trimestral, bimensual, mensual y, si es necesario, diaria o semanal. Puede realizarse para cada proveedor o cliente, o de manera globalizada, con el objetivo de conocer qué servicio obtiene la empresa de los proveedores o qué servicio ofrece a los clientes en general.

- **Entradas**

$$Porcentaje\ recibido\ correcto = \frac{Pedidos\ o\ líneas\ recibidas\ correctas \cdot 100}{Total\ pedidos\ o\ líneas\ pedidas\ al\ proveedor}$$

Se puede medir el número de pedidos, líneas de pedido, producto, cajas o palés recepcionados, por tipo de almacén o proveedor, por ejemplo. Los datos extraídos ayudan a fijar objetivos de servicio de los proveedores, planificar las entradas y la relación del almacén con otras áreas o departamentos de la empresa, como producción y comercial. De estos cálculos y su control debe encargarse el personal responsable de la recepción o entradas de mercancías.

Figura 6.1. Los indicadores de gestión pueden expresarse de diferentes formas.

- **Salidas**

$$Porcentaje\ recibido\ correcto = \frac{Pedidos\ o\ líneas\ enviadas\ correctas \cdot 100}{Total\ pedidos\ o\ líneas\ pedidas\ del\ cliente}$$

Se puede calcular el número de pedidos, las líneas de pedido, el producto, las cajas o los palés enviados a clientes o a diferentes departamentos de la empresa, por ejemplo, según el tipo de almacén o por cliente. Los datos extraídos ayudan a fijar objetivos de servicio hacia los clientes y prever posibles roturas de existencias. De estos cálculos y su control debe encargarse el personal responsable de expediciones. Dos aspectos importantes a tener en cuenta son la calidad del servicio y el tiempo que se emplea en solucionar la no entrega de un producto en el momento acordado con el cliente. Los resultados de este indicador han de ser 100 % positivos o muy próximos a ello.

- **Rotura de servicio a los clientes**

$$Porcentaje\ de\ rotura\ servicio = \frac{Cantidad\ no\ entregada\ en\ un\ tiempo\ x \cdot 100}{Total\ pedido\ por\ el\ cliente\ en\ un\ tiempo\ x}$$

Este indicador está ligado con el de calidad de servicio, ya que una vez que se conoce una deficiencia en este, es importante saber sus causas. Para conocer este indicador, se deben agrupar todas las incidencias, calcular cada tipología por separado y evaluar las que pueden causar la no entrega al cliente, ya sea por rotura de existencias, por error en el pedido o la preparación o por error del propio cliente, por ejemplo. Este indicador se puede calcular por producto, familia de productos e incluso a nivel global del almacén. El resultado es el porcentaje de rotura de servicio, que es importante que sea cero o cercano a él. Basándose en el resultado, se podrá estudiar cómo resolver los problemas de servicio y obtener mejores resultados. De estos cálculos y su control debe encargarse el personal responsable del almacén.

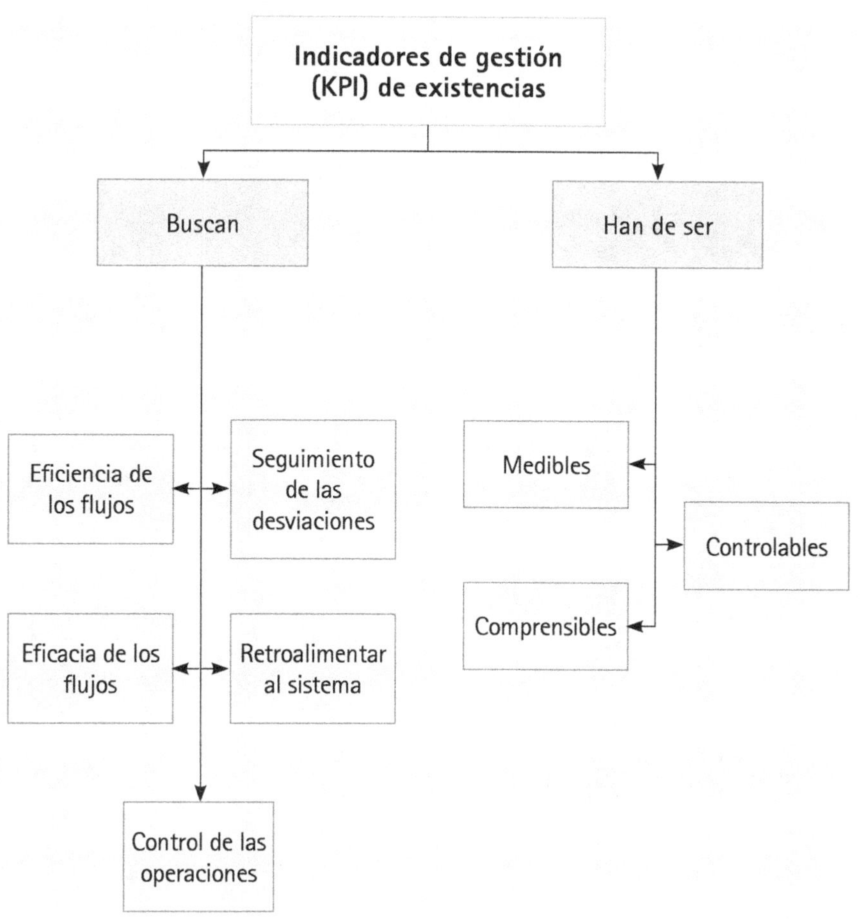

Indicadores de gestión (KPI) de existencias
Buscan
Han de ser
Eficiencia de los flujos
Seguimiento de las desviaciones
Eficacia de los flujos
Retroalimentar al sistema
Control de las operaciones
Medibles
Controlables
Comprensibles

Tipos de indicadores de gestión (KPI) de existencias
De productividad
De ocupación almacén
De recursos humanos
De servicios
De calidad del servicio
Recepción
Absentismo
Cobertura de existencias
Entradas
Almacenaje
Horas extras
Rotación de existencias
Salidas
Preparación pedidos
Rotación del personal
Existencias obsoletas
Rotura servicio a los clientes
Salidas expediciones

Capítulo 7

Gestión de existencias y preparación de inventarios

Se define inventario como una relación detallada, ordenada y valorada de los elementos que componen el patrimonio de una organización. En el almacén, el inventario es la relación detallada y valorada de los productos almacenados, en unidades económicas (como el euro o el dólar), de peso (como el kilogramo o las toneladas), de volumen (como los litros, los galones o los metros cúbicos) o de cantidad, según la función o las necesidades del receptor del inventario. Constituye el sistema de control de las existencias de los productos en todos los almacenes, sean estos materias primeras, productos acabados, auxiliares o semielaborados

Las existencias se utilizan para cubrir determinadas necesidades, como los desequilibrios entre procesos, ya sean estos internos o externos, pero también pueden ocultar las ineficiencias de la empresa.

Cuanto mayores sean los picos de los desequilibrios o de las ineficiencias, más existencias se necesitarán y, por lo tanto, más espacio, manipulación, manutención y recursos humanos se requerirán. Es importante controlar mediante inventarios las existencias y sus posibles variaciones, sobre todo si estas aumentan, ya que esto es un síntoma de que algo no está funcionando correctamente.

La gestión de los inventarios ha de contribuir a un equilibrio entre dos objetivos fundamentales: un adecuado servicio al cliente y un costo razonable de la inversión en las existencias y su gestión.

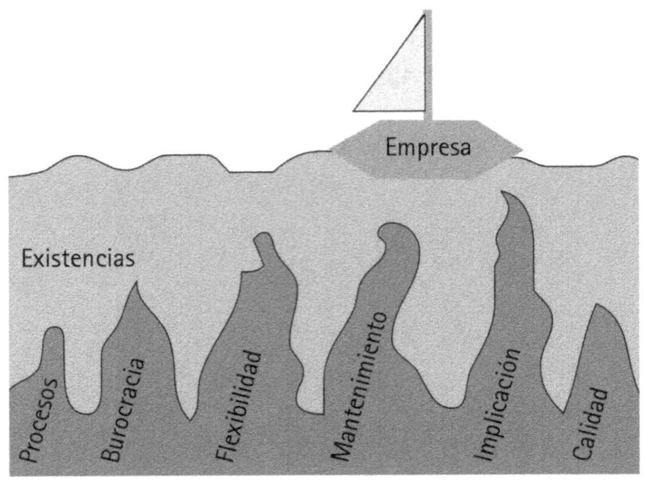

Figura 7.1. Las existencias pueden ocultar diferentes problemáticas e ineficiencias.

1   Gestión de las existencias almacenadas

Las existencias constituyen una de las inversiones más importantes de las organizaciones en relación al resto de sus activos. En muchas empresas pueden representar más del 50 % de los activos, y en algunas, como las comerciales, llegan a superar el 80 %. La razón de ser de las existencias es atender a dos necesidades esenciales:

- **Coordinar los desequilibrios entre la oferta y la demanda:** normalmente la demanda de un producto no coincide, en cantidad y tiempo, con la oferta, ya sea por el tiempo necesario para producirlo, por la distancia al cliente, por la estacionalidad, etc. Es necesario equilibrar las compras y las ventas para conseguir la máxima competitividad, y regularlas por medio del almacenaje, los flujos de adquisiciones y las entregas.

- **Reducir costos:** generalmente la rentabilidad de las compras y la mayor producción junto a un transporte consolidado permiten reducir el costo unitario del producto. El costo de almacenaje contribuye a encontrar un equilibrio positivo, el menor posible costo global.

Las existencias de productos almacenados, no obstante, pueden esconder algunas ineficiencias de la organización, por ejemplo, la escasa calidad en los procesos, la poca flexibilidad, la burocracia, el papeleo, la escasa implicación del personal (ya sean operarios, mandos o alta dirección), o la falta de mantenimiento y las consecuentes averías. Estas ineficiencias obligan a aumentar la cantidad de productos almacenados para no provocar roturas de existencias y fallar al cliente. También pueden provocar conflictos entre departamentos de una misma empresa, por ejemplo:

- **El departamento financiero** siempre deseará que las existencias tiendan a cero, o sea, que resulten innecesarias.
- **El departamento logístico** tampoco desearía tener existencias, o tener las mínimas posibles.
- **La gerencia**, desde el punto de vista económico, no querrá tener existencias pero las necesita para proporcionar el mejor servicio a los clientes.
- **Los departamentos comercial y de producción** siempre desearían disponer de las máximas existencias posibles para no fallar nunca.
- **El departamento de compras** trata de conseguir el mejor precio, lo que puede conseguir aumentando las cantidades pedidas, el volumen de compras, por lo cual querrá disponer de espacio para el producto.

Es necesario hallar el equilibrio entre la inversión en existencias y el servicio a los clientes, los cambios en la producción, los pedidos de reabastecimiento y el transporte.

Los costos relacionados de manera directa con el volumen de existencias almacenadas y que, por consiguiente, afectan a su gestión son:

- **Costo de adquisición:** es el costo del producto en sí. En el caso de las distribuidoras o comercializadoras, son los productos comprados, los pedidos externos. Cuando se trata de empresas fabricantes, son los costos de producción junto a los de las materias utilizadas para ese fin, los pedidos internos.

- **Costo de posesión o mantenimiento de inventario o de almacenaje:** es el costo de guardar, mantener y almacenar los productos durante un periodo de tiempo. Incluye el costo del almacén, los recursos materiales a utilizar, el personal implicado en su gestión y todo lo que conlleva el almacenamiento, como seguros, impuestos, energía, consumibles o refrigeración.

- **Costo de emisión:** es el costo que se genera cada vez que se gestiona un pedido. Comprende el personal, la recepción y la gestión del producto, los recursos materiales utilizados, el transporte y los seguros correspondientes.

- **Costo de rotura de existencias:** es el que se produce por falta de existencias de una mercancía, cuando la empresa tiene pedidos pero no puede servirlos por no disponer del producto demandado en el almacén.

- **Costo por obsolescencia:** es aquel en el que se incurre por tener almacenado producto obsoleto. En este caso se suman los costos de adquisición, de posesión y de emisión. Se ha de tener presente que la mercancía obsoleta está ocupando un espacio y unos recursos en el almacén.

- **Costo por daños o pérdidas de producto:** es el que se genera cuando una mercancía está dañada, en mal estado o no se encuentra. Al costo de obsolescencia se ha de sumar el de no servir el producto, que en algunos casos será el costo de rotura de existencias.

Se estima que el costo de almacenaje o posesión de un producto puede constituir entre el 2 y el 5 % del de adquisición, ya sea interno o externo. Se ha de tener en cuenta que las existencias pueden abarcar los diferentes estadios y procesos de un producto, dentro y fuera de la empresa. Existen existencias en los diferentes almacenes de estos procesos: de materias primeras, producto intermedio, producto terminado, material auxiliar, embalaje, mantenimiento, distribución, zona de extracción de mercancías o preparación de pedidos y tienda.

Es posible que las existencias de producto no se encuentren en los almacenes de la empresa sino en instalaciones de terceros o en tránsito. Por lo general, las empresas con cadenas de montaje que trabajan con sistemas justo a tiempo disponen de pequeñas existencias de las piezas y productos que han de ensamblar. Normalmente, esas existencias pertenecen a la empresa proveedora mientras no se utilicen en la cadena de producción, pero pasan a ser propiedad de la empresa ensambladora desde el momento que se emplean. Por ello, la gestión de las existencias ha de tener en cuenta las que se encuentren en instalaciones de terceros, para llevar un control adecuado de ellas.

Lo mismo se ha de hacer con el transporte, en función del tipo de contrato y modalidad que se utilice. Dependiendo de a quien corresponda la propiedad, al cliente o al proveedor, las existencias se contabilizarán en una u otra parte; por ejemplo, cuando se aplica en un contrato de compraventa internacional la regla Incoterms FCA *(free carrier)*, por la cual la empresa proveedora traspasa la propiedad y el riesgo al cliente una vez la mercancía está situarla en un punto convenido en el país de origen, como puede ser la aduana. A partir de ese punto y hasta la llegada a las instalaciones de la empresa compradora, el producto es propiedad del cliente, que ha de inventariarlo y contabilizarlo como suyo. Es lo que se denomina, en muchas ocasiones, existencias en tránsito.

Un inventario de las existencias controlado, fiable y ajustado a las necesidades permite a la empresa minimizar el capital invertido, inmovilizado, reducir los costos financieros en que puede incurrir si hay excesivas existencias, controlar el riesgo de la demanda conocida y desconocida y reducir las ventas perdidas por falta de producto.

2 Gestión del inventario

El inventario es el resultado del recuento físico, real, de las existencias en un almacén. Es una cantidad exacta, real en un momento dado. En otro momento, el inventario será diferente. La actividad diaria de las empresas y las organizaciones conlleva movimientos de entrada y salida de mercancías que hacen variar la cantidad de existencias en los almacenes. Otro factor a tener en cuenta en la variación de las existencias es su tipología o naturaleza. Algunas de sus características pueden hacer variar su estatus dentro del almacén. Esto sucede, por ejemplo, con los productos perecederos, con fecha de caducidad, fecha de consumo preferente, o los obsoletos.

2.1 *Inventario informático*

Las empresas necesitan utilizar sistemas informáticos para gestionar con eficiencia la información que conlleva tener en el mercado sus productos, con frecuencia sobre una cantidad de productos considerable, con un sinfín de pequeñas variaciones que permiten abarcar el mayor número de clientes y, al mismo tiempo, para ofrecer un servicio correcto y eficaz a un costo razonable. Tener informatizadas y controladas las entradas, las salidas y los movimientos internos facilita la gestión de los inventarios.

Los inventarios informáticos son simples listados en los cuales el sistema ha calculado cada una de las referencias, teniendo en cuenta las existencias iniciales, las entradas y las salidas:

Existencias iniciales + entradas – salidas = existencias finales.

Presentan la ventaja de ofrecer un cálculo rápido de las existencias en cualquier momento sin necesidad de hacer un recuento manual, siempre que los todos los movimientos sean introducidos en el sistema.

Además, los sistemas informáticos proporcionan informaciones adicionales, como las unidades reservadas pendientes de entrega o las existencias que quedarán una vez sean entregadas, por ejemplo. Esto facilita la previsión del aprovisionamiento y ayuda a ajustar mejor las existencias, reduciendo los costos. El cálculo seria parecido al anterior, pero introduciendo la variable citada:

Existencias iniciales + entradas – (salidas + reservas
o pendiente de entrega) = existencias finales.

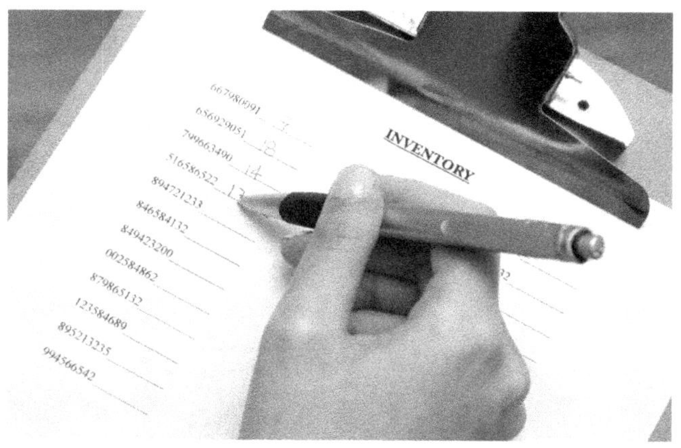

Figura 7.2. No se puede prescindir totalmente del inventario físico.

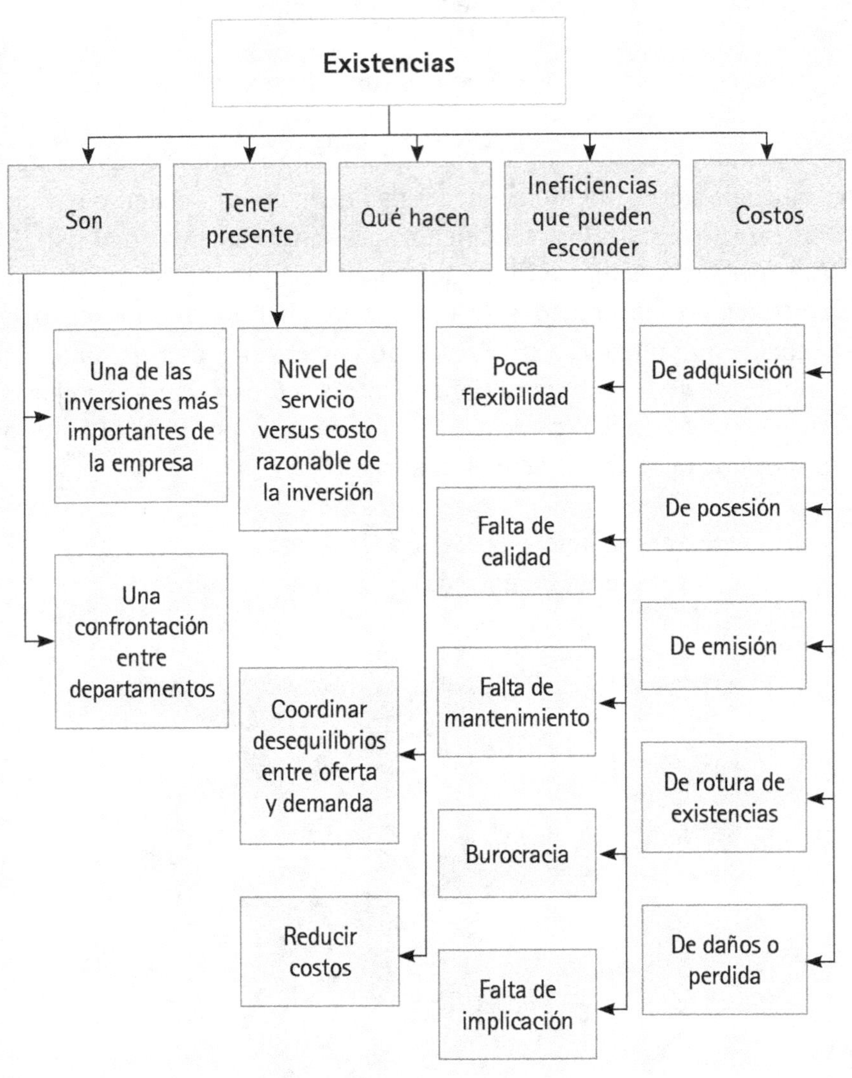

Existencias
Son
Tener presente
Qué hacen
Ineficiencias que pueden esconder
Costos
Una de las inversiones más importantes de la empresa
Una confrontación entre departamentos
Nivel de servicio versus costo razonable de la inversión
Coordinar desequilibrios entre oferta y demanda
Reducir costos
Poca flexibilidad
Falta de calidad
Falta de mantenimiento
Burocracia
Falta de implicación
De adquisición
De posesión
De emisión
De rotura de existencias
De daños o perdida

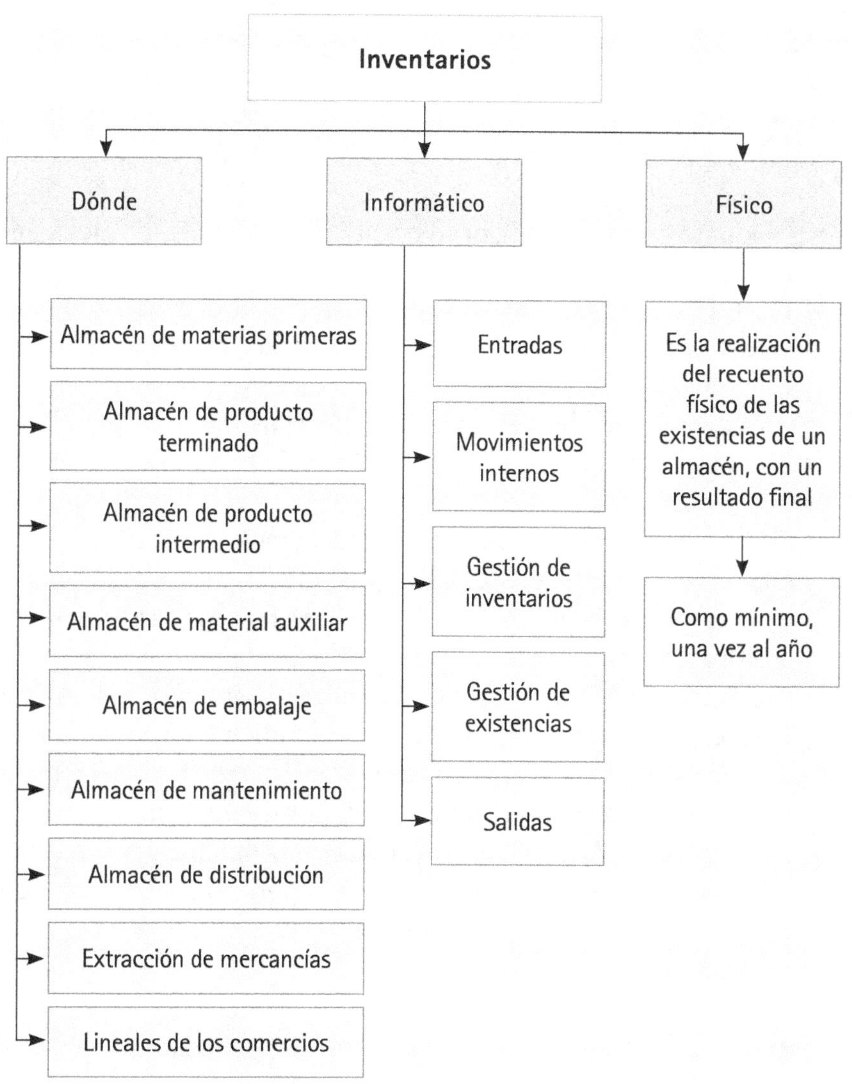

Inventarios
Dónde
Informático
Físico
Almacén de materias primeras
Almacén de producto terminado
Almacén de producto intermedio
Almacén de material auxiliar
Almacén de embalaje
Almacén de mantenimiento
Almacén de distribución
Extracción de mercancías
Lineales de los comercios
Entradas
Movimientos internos
Gestión de inventarios
Gestión de existencias
Salidas
Es la realización del recuento físico de las existencias de un almacén, con un resultado final
Como mínimo, una vez al año

2.2   El inventario físico

Una buena gestión y control de los flujos del almacén, con la correspondiente introducción de movimientos en el sistema informático y unas normas de trabajo sistemáticas, reduce la necesidad de hacer recuentos físicos en los inventarios y en consecuencia los costos. Sin embargo, no se puede prescindir totalmente de ellos por diferentes motivos:

- **Productos que se deterioran** o se rompen durante los movimientos de la mercancía.
- **Productos que quedan obsoletos** por modificaciones o mejoras en los mismos. Se han de tener controlados, ya que son pérdidas económicas y ocupan espacio en el almacén.
- **Productos con una temporalidad de consumo,** por tener fecha de caducidad o de consumo preferente. Se han de controlar igual que el caso anterior.
- **Productos que desaparecen,** lo que se denomina pérdida desconocida, que representa entre el 1,25 y el 2 % de la facturación de la empresa. Gran parte de esta pérdida, entre el 75 % en Europa y el 85 % en Estados Unidos, está provocada por los hurtos, que padecen las organizaciones, a pesar de los sistemas de seguridad y vigilancia que se instalen.
- **Errores humanos.** Cuanto mayor y más eficiente sea la sistemática, la gestión y el control informático, menos errores humanos habrá hasta quedar reducidos a la mínima expresión.
- **Los errores informáticos y del sistema.** Aunque no sean habituales, pueden existir, por lo que es importante hacer una comparación periódica entre la realidad física y el la información del sistema informático.

Además, los planes de contabilidad oficiales obligan a realizar un inventario físico al cierre de cada ejercicio, por lo que habrá que llevarlo a cabo una vez al año.

El inventario físico ha de prepararse y planificarse sistemáticamente, tanto en el tiempo, como en los recursos a utilizar. En primer lugar, se ha de tener en cuenta la metodología que se aplicará y las mercancías que se van a inventariar, ya que no es lo mismo hacerlo con materias primas que con productos acabados, en proceso o semielaborados, o con material auxiliar e incluso con productos en la fase de preparación de pedidos. Incluso se pueden aplicar diferentes metodologías dependiendo de la forma de almacenaje dentro de una misma empresa.

Difícilmente se podrá hacer un inventario unitario de productos a granel o de mercancías frágiles que se hayan de mover. Además, se ha de valorar cómo se cuantificará el inventario: por unidades, por volumen, por peso o por valor económico, lo que obliga a pasar las cantidades a valores económicos siguiendo la sistemática que la empresa decida. A nivel logístico, la cuantificación permite realizar comparaciones con anteriores ejercicios, al tratarse de un valor fijo que no varía en el tiempo.

Sea cual sea la metodología que se aplique, se han de respetar una serie de normas para que el inventario físico alcance el objetivo deseado, que no es otro que proporcionar las existencias reales en ese momento.

Inmediatamente antes de empezar a hacer el inventario físico, y durante todo el tiempo que este dure, no puede haber ninguna entrada, salida o cambios de ubicación de ninguno de los productos y almacenes que se estén inventariando. Por esta razón, en muchas empresas se hacen los inventarios físicos los fines de semana o se cierran durante unas horas o días los almacenes, y de esta forma evitan las entradas o salidas de producto. Lógicamente esto se ha de planificar con antelación y avisar a las empresas clientes y proveedoras. Conviene que se lleve a cabo cuando haya menos carga de trabajo y se les ocasionen menos problemas o molestias. En algunos de esos momentos valle también hay menos género o producto en los almacenes, lo que facilita el inventariado.

Hay que disponer de recursos materiales y maquinaria suficientes para llevar a cabo el inventario físico en el tiempo estimado. Se han de planificar los tiempos de máquina, la carga de baterías, el número de dispositivos lectores y el espacio que se necesita para realizar el recuento. También se ha de disponer de sistemas informáticos preparados para la labor.

Asimismo, se ha de prever el personal que se va a necesitar para realizar el inventario físico en el tiempo estipulado. Ha de contarse con un número suficiente de personas capacitadas para llevar a cabo este tipo de tareas, especialmente para la entrada de los datos en el sistema.

Otro aspecto clave es planificar la documentación relativa a la actividad a realizar de acuerdo a un orden lógico. La preparación de la documentación debe realizarse con sumo cuidado. Habitualmente los sistemas informáticos están preparados para facilitar un listado de las existencias por ubicaciones que servirá de base para la actividad posterior. Esto permite orientar el recuento para localizar, identificar y contar con agilidad los ítems correspondientes. Este momento se debe aprovechar para detectar también cualquier clase de incidencia respecto al estado aparente de los materiales. Una vez introducidos los datos del inventario físico, el sistema informático ha de facilitar toda la información en las unidades de medida correspondientes y la información económica del mismo.

2.3 Las consecuencias de los inventarios erróneos

En el caso de no cumplirse alguna de las condiciones anteriormente descritas es muy probable que el inventario que se realice sea erróneo, lo que provocará costos a la empresa, ya sea por los recursos empleados en esta tarea, ya sea por la cadena de errores que se transmitirá a los diferentes departamentos como compras, aprovisionamiento, comercial o distribución y servicios.

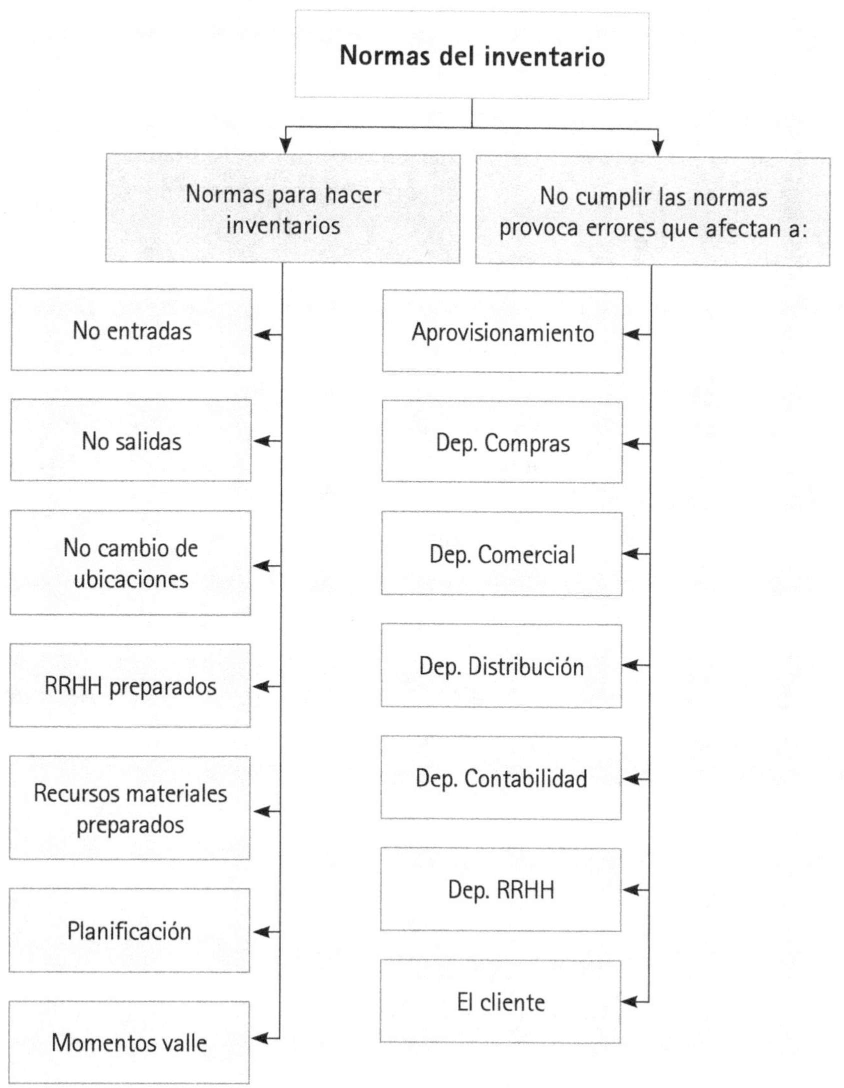

Normas del inventario
Normas para hacer inventarios
No cumplir las normas provoca errores que afectan a:
No entradas
No salidas
No cambio de ubicaciones
RRHH preparados
Recursos materiales preparados
Planificación
Momentos valle
Aprovisionamiento
Dep. Compras
Dep. Comercial
Dep. Distribución
Dep. Contabilidad
Dep. RRHH
El cliente

Si no se impiden las entradas y salidas de productos del almacén y se producen cambios en la ubicación de las mercancías, puede haber errores en las cantidades. Cuando se contabiliza menos mercancía de la realmente existente, es posible que se aprovisione antes de tiempo, lo que puede dar lugar a un exceso de existencias, con el consiguiente problema de espacio. Cuando se contabiliza más mercancía de la existente, se pueden provocar retrasos en la preparación y entrega de los pedidos, o servirlos de manera adecuada y provocar sobrecostos para subsanar el error.

Cuando los datos en el sistema no son correctos, el área comercial podría vender un producto del que no hay existencias o no vender un producto del que sí las hay, lo que provocará tensiones entre departamentos, desconfianza de los clientes y pérdida de ventas actuales y futuras. Cuando la valoración de las existencias no es real, la empresa puede sufrir graves tensiones económicas y tomar decisiones erróneas que la afectaran globalmente.

La aplicación de una metodología errónea para realizar un inventario físico puede encarecerlo, por la utilización de recursos humanos y materiales inadecuados. Cuando no se han previsto correctamente los recursos materiales, normalmente aumentará el tiempo requerido para realizarlo. Lo mismo sucederá con los recursos humanos. Este tipo de errores puede provocar desmotivación del personal e incluso desidia o malestar por la sensación de pérdida de tiempo, sobre todo de tiempo libre.

3   Análisis de las desviaciones y medidas preventivas y correctoras

Una de las tareas en la gestión de inventarios es valorar y comparar los objetivos marcados con la realidad, en definitiva analizar las desviaciones, para tomar las decisiones pertinentes, sean medidas preventivas o correctoras. Por lo tanto, a la hora de analizar los inventarios, hay que partir de dos bases:

- **El inventario inicial,** la base con la cual se comparará el inventario actual. Se estudian las diferencias existentes entre ambos, ya sean a nivel global, por familias, por almacenes, por subfamilias o por productos, pero siempre a nivel de cantidades físicas.

- **El inventario objetivo** que se quiere alcanzar y con el que también se compara el inventario actual. Al igual que en la anterior base, los objetivos podrán establecerse a nivel global, de familia, por tipo de almacén, por ubicación geográfica, por subfamilias o por productos. Las unidades de recuento serán cantidades físicas, no económicas.

Es importante que las existencias en los inventarios se gestionen en cantidades físicas, no en valores económicos de la mercancía almacenada, debido a la variabilidad que puede sufrir el precio de una mercancía.

3.1 Análisis de desviaciones

A partir de estas bases se pueden analizar las desviaciones de los resultados. Aunque se analicen las desviaciones a nivel global, por almacén o familia, habrá que profundizar a nivel de producto y referencia para poder tomar las medidas preventivas y correctoras necesarias para conseguir los objetivos. Los tipos de desviaciones que pueden darse son:

- **Desviaciones positivas:** son aquellas en las que se detecta que las cantidades del inventario actual han aumentado respecto al inicial u objetivo.
- **Desviaciones negativas:** son aquellas en las que se detecta que las cantidades del inventario actual han disminuido respecto al inicial u objetivo.

- **Sin desviaciones:** cuando se detecta que las cantidades del inventario actual no han experimentado variaciones respecto al inicial u objetivo.

Es importante controlar también la evolución de las desviaciones, para conocer si las medidas preventivas y correctivas están consiguiendo los objetivos por los cuales se pusieron en marcha. Para que dichas medidas sean eficientes, han de estar basadas en informaciones adicionales:

- **La previsión de ventas**, en unidades, para el intervalo de tiempo de los inventarios. Por ejemplo, la previsión de ventas mensual, si se realizan inventarios mensualmente.
- **Las ventas reales,** en unidades, para el intervalo de tiempo de los inventarios.
- **Las diferencias entre la previsión de las ventas y la realidad,** para ajustar las previsiones de futuro, tanto de producto almacenado como de aprovisionamiento, y para verificar si una de las causas de dichas diferencias son las desviaciones detectadas en los inventarios.
- **La temporalidad de los productos,** su duración, en qué punto se encuentra en el momento del inventario.
- **La previsión y la realidad de aprovisionamiento,** en unidades y tiempos de entrega para los periodos de los inventarios.

Las diferencias entre previsión y realidad del aprovisionamiento pueden ser una de las causas de las desviaciones en los inventarios. Desde los departamentos de compras y aprovisionamiento se habrán de indicar los productos que estén obsoletos y cómo tales se han de contabilizar, controlar y analizar. Es importante asimismo conocer qué mercancías y en qué cantidades no se han entregado a causa de falta de existencias o porque no están en condiciones de ser entregadas.

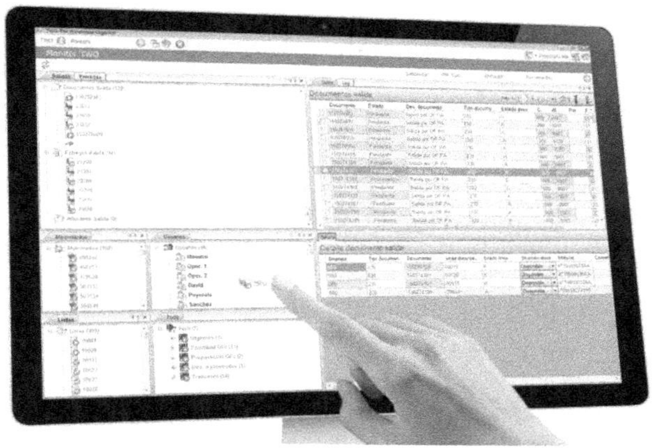

Figura 7.3. Los sistemas informáticos ayudan a realizar el análisis de las desviaciones que se dan en el almacén.

3.2 Planes preventivos y correctivos

Con toda esta información se podrán preparar planes preventivos y correctivos para alcanzar los objetivos de existencias marcados que afectarán a otros departamentos de la empresa, como aprovisionamiento, compras, comercial y contabilidad:

- **Si el volumen del inventario ha aumentado** por no conseguirse los objetivos comerciales planificados, se espaciará el aprovisionamiento o se reducirá la cantidad de existencias. El departamento comercial tendrá que averiguar por qué no se han conseguido los objetivos para poder planificar y ajustar las existencias a las necesidades reales, tanto en tiempo como en forma. Esto también puede ayudar a reducir los productos obsoletos o caducados, lo que se reflejará en el inventario.

- **Si el volumen del inventario se ha reducido,** se tendrá que controlar que el nivel de servicio no baje. Si se produjera esta última situación, habría que reducir el tiempo de aprovisionamiento o aumentar la cantidad de existencias para evitar las faltas de servicio. Cuando el nivel de servicio no se ve afectado, la gestión que se está realizando es correcta.

En el caso de que los productos caducados u obsoletos aumenten en el inventario será necesario revisar la gestión global de preparación de pedidos, incluidos los sistemas informáticos y la gestión de aprovisionamiento, y utilizar sistemas tipo FI-FO o FE-FO, para evitar que los productos caduquen o queden obsoletos en el almacén. Para reducir la cantidad de producto obsoleto o caducado hay que mejorar la comunicación entre los departamentos de compras, comercial y aprovisionamiento de la empresa, y entre esta y el proveedor.

Las medidas preventivas y correctoras no solo afectan al almacén sino a otros departamentos de la empresa como aprovisionamiento, preparación de pedidos, comercial, compras, contabilidad, así como a

+i

FI-FO

Abreviatura de *first-in/first-out* o «primero en entrar, primero en salir», sistema de almacenamiento donde las primeras mercancías almacenadas son las primeras en extraerse, lo que contribuye a la máxima rotación de los productos y a evitar su obsolescencia.

FE-FO

Abreviatura de *first-expires, first-out* o «primero en expirar, primero en salir», método de almacenamiento donde los productos con fecha de vencimiento más antigua se entregan, venden o consumen primero.

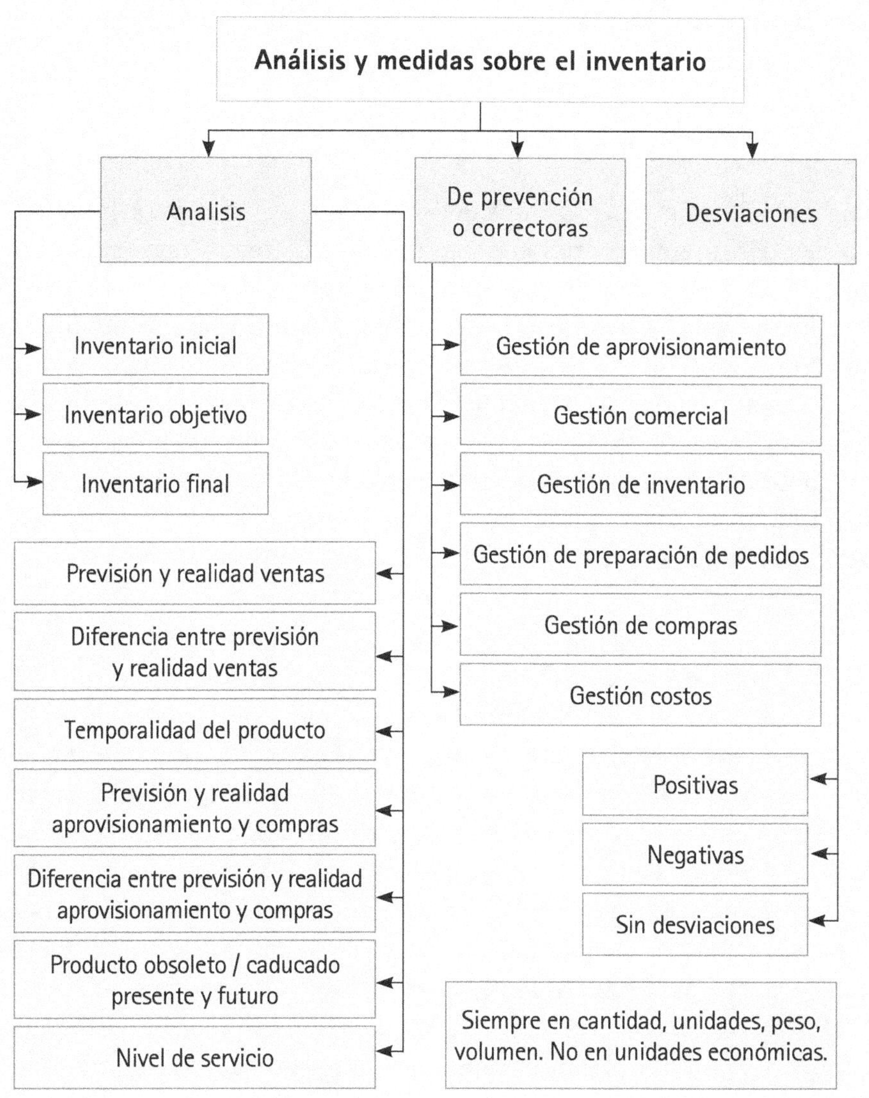

Análisis y medidas sobre el inventario
Analisis
De prevención o correctoras
Desviaciones
Inventario inicial
Inventario objetivo
Inventario final
Previsión y realidad ventas
Diferencia entre previsión y realidad ventas
Temporalidad del producto
Previsión y realidad aprovisionamiento y compras
Diferencia entre previsión y realidad aprovisionamiento y compras
Producto obsoleto / caducado presente y futuro
Nivel de servicio
Gestión de aprovisionamiento
Gestión comercial
Gestión de inventario
Gestión de preparación de pedidos
Gestión de compras
Gestión costos
Positivas
Negativas
Sin desviaciones
Siempre en cantidad, unidades, peso, volumen. No en unidades económicas.

proveedores y clientes. Para hacer una buena gestión y planificación de las existencias, de manera que estén alineadas con los objetivos generales de la empresa y los objetivos particulares del almacén, es importante disponer de información de los diferentes departamentos.

4 Métodos para realizar el inventario

Una gestión eficaz y eficiente del inventario es vital para la empresa. Existen diferentes métodos para realizarla según las necesidades de esta. En todos ellos es importante analizar las causas de las regularizaciones, sean positivas o negativas, y los eventos que se produjeron antes de ellas para mejorar los resultados en el futuro, aplicar medidas preventivas y correctoras y reducir sus costos en la cuenta de resultados. Una regularización implica que en el almacén hay más o menos producto del que se tenía anotado, pero también una mala gestión en la entrada o en la salida, o que se están produciendo hurtos u otros posibles problemas.

4.1 El inventario anual

Se realiza a nivel global una vez al año, normalmente coincidiendo con el cierre o final del ejercicio. Es una oportunidad para controlar, medir y mejorar la gestión las existencias. En esta labor, es vital gestionar muy bien el almacén y sus tareas para que la variabilidad del inventario anual sea la menor posible. La realización del inventario anual supone la paralización de toda la actividad habitual de los almacenes e implica unos costos significativos de recursos humanos y materiales. Como en cualquier recuento físico, es muy importante planificarlo de manera minuciosa, para reducir al máximo los imprevistos y conseguir el objetivo marcado con el menor costo posible.

  GESTIÓN DE EXISTENCIAS EN EL ALMACÉN

El inventario anual puede resultar poco preciso y la fiabilidad de las existencias ser baja, con lo que el impacto de la regularización final en la cuenta de resultados, la diferencia entre lo que se tiene anotado en el sistema informático y la realidad, puede provocar unos costos elevados. Asimismo, con este sistema de recuento anual resulta difícil analizar las desviaciones y tomar las medidas preventivas y correctoras oportunas, ya que el periodo de tiempo transcurrido, un año, puede resultar demasiado largo como para localizar las situaciones que han provocado dichas desviaciones.

4.2   El inventario cíclico o rotativo

Este sistema establece una secuencia de controles sobre todas las referencias ordenadas, clasificadas por su grado de importancia. La clasificación ABC, aplicada en muchos sistemas de almacenamiento, es una forma de ordenar, ubicar y gestionar, incluyendo los inventarios, los productos dentro de los almacenes y los lugares de extracción de mercancías *(picking).* No se hace al mismo tiempo el inventario de todas las referencias sino de forma secuencial y consecutiva en el tiempo. Normalmente, se aprovechan las horas de menor carga de trabajo dentro de la jornada laboral. Para poner en práctica esta metodología no hay que parar la gestión del almacén, pero sí «cerrar», es decir, paralizar los movimientos de las referencias, de entrada o salida. Este método espacia el inventario en el tiempo y, al realizarse normalmente dentro del horario habitual de trabajo, resulta menos costoso. Por ejemplo, una pauta bastante extendida en muchas organizaciones es secuenciar el proceso haciendo un inventario de las referencias tipo A cada trimestre, es decir, realizar cuatro inventarios al año de este tipo de referencias; semestralmente, de forma secuencial se realizará un inventario de las referencias tipo B, es decir, dos inventarios al año; anualmente, de forma secuencial se realizará el inventario para las referencias tipo C, es decir, un inventario al año. Esta metodología ayuda a analizar las desviaciones y a aplicar medidas preventivas y correctivas en los casos que se necesite más control, por ejemplo, en las referencias de tipo A, mientras se reducen los controles en las de tipo B y C.

4.3 El inventario permanente o perpetuo

De manera continuada se controla y registra en el inventario cada movimiento, cada entrada y salida de producto. Esta metodología de inventario se pone en práctica habitualmente mediante sistemas informáticos. Ya se utilicen programas y herramientas concretas para la gestión de almacenes, una simple hoja de cálculo, una base de datos o una simple hoja de papel, se ha de realizar siempre con rigor, de forma meticulosa y minuciosa, sin olvidar ningún movimiento. Con este método puede detectarse rápidamente cualquier desviación y analizar y aplicar las medidas preventivas o correctivas necesarias para evitar regularizaciones futuras. Cuando la cantidad real no coincide con la existente en el sistema informático o la ficha del almacén, se procede a

+i   clasificación ABC

Modelo de gestión basado en la Ley de Pareto que clasifica en orden decreciente, A, B y C, una serie de artículos, siguiendo algún criterio, por ejemplo, su volumen anual de ventas.

El grupo A tiende a acoger entre el 10 y el 20 % de los artículos, de los que resultan del 50 al 70 % de las ventas. El grupo B contiene el 20 % de los artículos y representa el 20 % de las ventas. El grupo C suele contener del 60 al 70 % de los artículos y de los que sólo se obtienen del 10 al 30 % de las ventas. La clasificación ABC puede aplicarse a distintas áreas de una organización.

una regulación positiva o negativa, según sea el resultado. En muchas organizaciones, además de aplicarse este método, se hace un control físico exhaustivo, minucioso y continuado de determinados artículos o productos, ya sea por su importancia o su valor, o por razones de seguridad.

4.4 El inventario periódico

Es muy parecido al anual, de manera que no se pueden realizar movimientos de ningún tipo, se aplica en todos los almacenes y requiere de recursos humanos y materiales, pero el periodo de tiempo entre uno y otro inventario es inferior a un año. Algunas empresas lo realizan trimestral o semestralmente, pero se han de tener en cuenta sus costos y compararlos con el posible impacto de las pérdidas de no hacerlo. Por ejemplo, una pauta bastante extendida o estandarizada en muchas organizaciones, que utiliza la clasificación ABC del producto, es secuenciar el inventario: cada trimestre se hace un inventario para referencias A, cuatro veces al año; semestralmente se realiza un inventario de las referencias B, dos veces al año; y finalmente se lleva a cabo un inventario anual de las referencias C.

4.5 El inventario existencias cero

Es un sistema utilizado fundamentalmente en empresas de distribución o en los inventarios de fabricación en curso y en la extracción de mercancías *(picking)*. En este último caso, cuando una ubicación se encuentra a 0 de existencias de una determinada referencia, se verifica físicamente que el dato es correcto y si no es así, se regulariza con la cantidad real existente. Cuando la ubicación indicada marca que hay *x* unidades de una determinada referencia pero se comprueba físicamente que no hay ninguna, habrá que regularizar a 0 el dato. En los procesos de fabricación se utiliza un sistema parecido cuando se termina un lote determinado de producción y se devuelve al almacén el material sobrante. Se hace así porque normalmente las cantidades de integración de material de una referencia incluyen mermas que, de no reportarse específicamente, deben ser contempladas en la devolución de los sobrantes. Si no se reportaran, en el sistema de control aparecerían existencias que en realidad ya se han consumido y se dejarían de pedir las cantidades equivalentes, lo que puede propiciar que el próximo lote no pueda fabricarse en su totalidad por falta de certeza de las existencias.

4.6   El inventario por familias

En este procedimiento, que se puede aplicar dentro de los diferentes métodos de inventarios descritos anteriormente, los productos se agrupan en las diferentes familias que correspondan. Cuando se lleva a cabo un inventario global, ya sea anual, periódico o cíclico, se necesita una organización y una gestión eficientes para aplicarla, ya que dependiendo del tamaño del almacén y la cantidad de recursos humanos que se utilicen pueden faltar recursos materiales o estorbarse entre ellos, sobre todo en los almacenes con sistema caótico.

4.7   El inventario aleatorio

El inventario aleatorio se usa en combinación con los anteriores métodos. Se escogen de forma totalmente aleatoria las referencias a inventariar, que pueden ser del inventario global, de cada grupo de la clasificación ABC o por familias. Este sistema se puede utilizar para verificar el inventario informático siguiendo una tabla de muestreo, por

Figura 7.4. En el inventario por familias los productos se agrupan en función de las diferentes tipologías de mercancía o de presentación de los productos.

ejemplo, la Military Standard. Si la desviación es mínima o nula, se podría entender que el resto del inventario es correcto pero si es elevada se tendrá que realizar un inventario exhaustivo.

4.8   El inventario por estanterías

El inventario por estanterías solo funciona en almacenes ordenados por cualquiera de los métodos de inventarios descritos o en almacenes caóticos que se realice el inventario global del almacén de una sola vez. La forma es simple: se marca una estantería y se empieza a inventariar todo el producto ubicado en la misma.

Los inventarios normalmente se realizan combinando los anteriores métodos y sistemas, en función de la organización, el producto y la ubicación de los almacenes. Incluso dentro de una misma organización se pueden aplicar diferentes sistemas de inventarios. Todo ello supone unos costos, que las organizaciones tratan de reducir sin perder el control de las existencias.

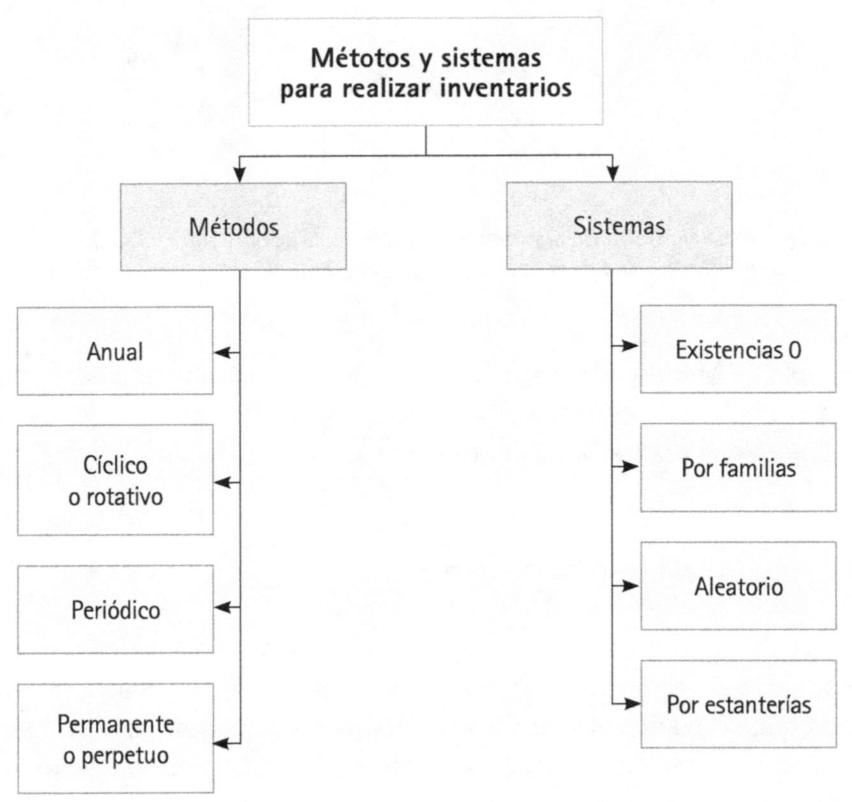

5 Sistema de valoración de inventarios

Aunque a nivel logístico la base sobre la que se han de trabajar las existencias sea la cantidad de unidades, es importante conocer su valor económico, algo que puede variar sustancialmente según el método utilizado. Hay cinco formas diferentes de valorar las existencias a nivel económico, contable, en función de las necesidades de la propia empresa:

5.1 Precio medio ponderado o PMP

Esta forma de valoración puede acercarse bastante al precio real en muchos casos, todo dependerá de las fluctuaciones del precio en el mercado. Es un sistema muy utilizado en las organizaciones ya que facilita la gestión, siempre que se apoye en sistemas informáticos. Para calcularlo se suman los costos de todas las entradas de mercancía durante un tiempo determinado y se dividen por la cantidad recepcionada. El resultado es el precio medio ponderado por unidad. Si este se multiplica por las unidades en existencias, se obtendrá el valor medio ponderado de las existencias de la mercancía en concreto.

5.2 LI-FO (last in, first out o «el último que entra es el primero que sale»)

Las existencias se valoran a partir del costo de la última entrada realizada en el periodo de tiempo marcado. Aunque es un sistema en desuso en la gestión de los almacenes y está siendo sustituido por FI-FO y FE-FO, sigue utilizándose mucho a nivel contable y fiscal. Si el costo de la última entrada es superior al resto, el valor de las unidades en existencias será superior al costo real. En el caso de que el costo de la última entrada sea inferior al resto, el valor de las unidades en existencias será inferior al real.

5.3 FI-FO (first in, first out *o «el primero que entra es el primero que sale»*)

Las existencias se valoran a partir del costo de la primera entrada realizada en el periodo de tiempo marcado. Aunque es un sistema legal a nivel contable y fiscal, no se utiliza mucho, ya que en la actualidad normalmente el costo de los productos durante el periodo de tiempo es superior al inicial y eso significaría que el costo de las existencias se situara por debajo de la realidad. A la inversa de lo que sucede en el sistema LI-FO, si el costo de la primera entrada es superior al resto, el valor de las unidades en existencias será superior al costo real. En caso de que el costo de la primera entrada sea inferior al resto, el valor de las unidades en existencias será inferior al real.

5.4 HIFO (highest in first out *o «el precio más alto»*)

Las existencias se valoran a partir del costo más elevado de las entradas realizadas en el periodo de tiempo marcado. El costo de las existencias siempre será superior al costo real. Este sistema casi no se utiliza en algunos países porque no lo contempla la legislación mercantil. Podría decirse que en una situación de escalada de los precios, este sistema se asemeja al sistema LI-FO.

5.5 NIFO (next in first out *o «al precio de la siguiente entrada»*)

Las existencias se valoran según el precio de costo de las unidades que han de entrar, o sea, al precio del pedido que aún no se ha recibido en el periodo de tiempo marcado de valoración. Es lo que se denomina precio de reposición. El costo de las existencias siempre será superior al costo real, haciendo que el inmovilizado sea más elevado. Este sistema no se utiliza en algunos países, como España, por ejemplo, porque no es aceptado a efectos fiscales.

5.6 Precio real

Para valorar las existencias se contabilizan las unidades al precio real de costo de cada una de ellas ligándolas a la correspondiente entrada. Para ponerla en práctica se necesita contar con sistemas de gestión de almacenes eficientes y registrar de forma correcta, exacta y pormenorizada los movimientos de entrada y salida.

	CONCEPTO	REF. 01	REF. 02	REF. 03	CÁLCULO
1A	STOCK a 31/12	25.000,00	5.000,00	200,00	Se trabaja en el almacén con sistemática FIFO (Primero que entra, primero que sale)
2A	Coste 1º pedido €/unidad	10,00 €	35,00 €	150,00 €	
3A	Coste pedido más alto €/unidad	10,00 €	40,00 €	164,00 €	
4A	Coste último pedido €/unidad	10,00 €	36,00 €	151,00 €	
5A	Coste próximo pedido €/unidad	10,00 €	42,00 €	165,00 €	
6A	Cantidad por pedido	20.000,00	3.000,00	300,00	
	VALORACIÓN INVENTARIO				
	NIFO	250.000,00 €	210.000,00 €	33.000,00 €	5A*1A=NIFO
	FIFO	250.000,00 €	175.000,00 €	30.000,00 €	2A*1A=FIFO
	LIFO	250.000,00 €	180.000,00 €	30.200,00 €	4A*1A=LIFO
	PMP	250.000,00 €	185.000,00 €	31.000,00 €	(((2A*6A)+(3A*6A)+(4A*6A)) / (6A*3(Ya que son los pedidos recibidos))*1A= PMP
	HIFO	250.000,00 €	200.000,00 €	32.800,00 €	3A*1A=HIFO
	PRECIO REAL	250.000,00 €	188.000,00 €	30.200,00 €	
	COSTE MEDIO UNIDAD INVENTARIO				
	Coste / Unidad NIFO	10,00 €	42,00 €	165,00 €	
	Coste / Unidad FIFO	10,00 €	35,00 €	150,00 €	
	Coste / Unidad LIFO	10,00 €	36,00 €	151,00 €	
	Coste / Unidad PMP	10,00 €	37,00 €	155,00 €	
	Coste / Unidad HIFO	10,00 €	40,00 €	164,00 €	
	Coste / Unidad PRECIO REAL	10,00 €	37,60 €	151,00 €	

Figura 7.5. Ejemplo de valoración de un inventario en los diferentes sistemas.

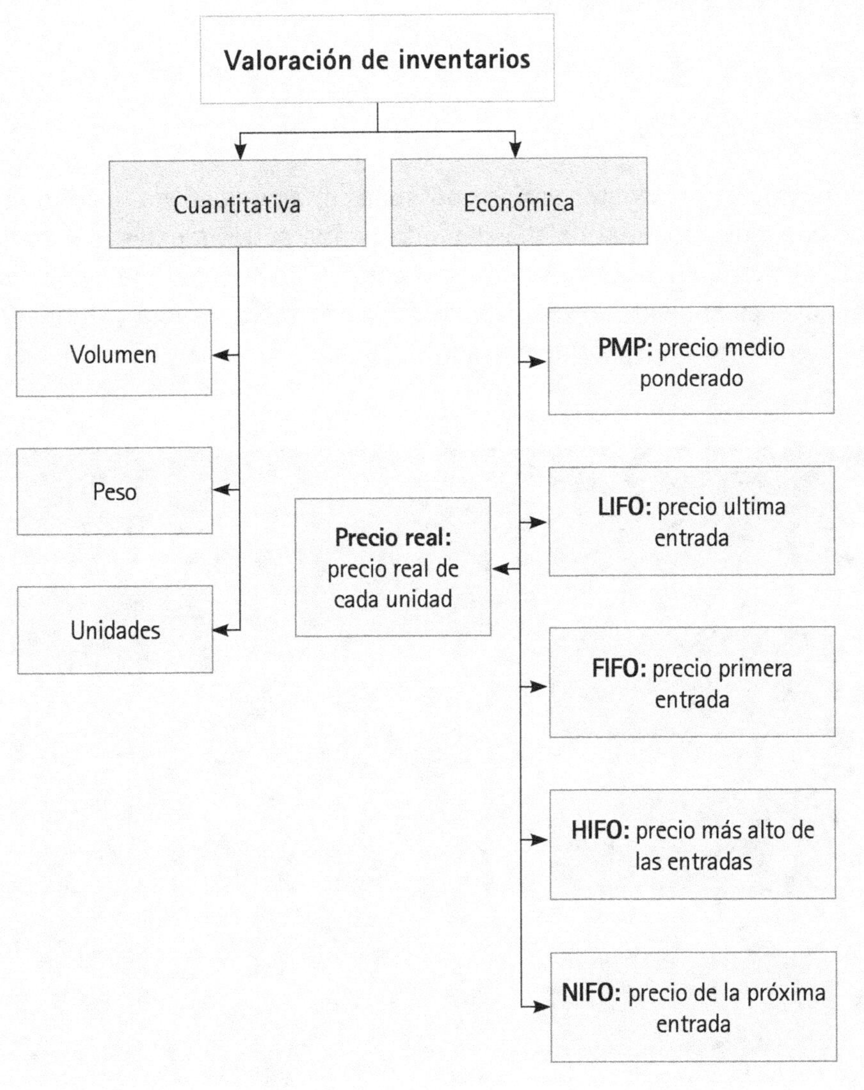

Valoración de inventarios
Cuantitativa
Económica
Volumen
Peso
Unidades
Precio real: precio real de cada unidad
PMP: precio medio ponderado
LIFO: precio ultima entrada
FIFO: precio primera entrada
HIFO: precio más alto de las entradas
NIFO: precio de la próxima entrada

SISTEMA	TOTALES	%
NIFO	493.000,00 €	5,30%
FIFO	455.000,00 €	-2,82%
LIFO	460.200,00 €	-1,71%
PMP	466.000,00 €	-0,47%
HIFO	482.800,00 €	3,12%
PRECIO REAL	468.200,00 €	100,00%

Figura 7.6. Comparativa entre los diferentes tipos de cálculo del inventario.

Los sistemas informáticos de gestión facilitan la valoración de las existencias y permiten elegir entre las diferentes opciones y en cada momento.

En las figuras 7.5 y 7.6 se puede observar las diferencias de valoración de un mismo inventario y lo que puede representar cada uno de los sistemas de valoración.

Glosario

absentismo

Ausencia de una persona de su puesto de trabajo en horas que correspondan a un día laborable, dentro de la jornada legal de trabajo, esté justificada o no.

AWB

Siglas de *air waybill* o carta de porte aéreo. Documento que emite la compañía aérea mediante el que se formaliza el contrato de transporte aéreo de mercancías.

BL

Siglas de *bill of lading* o conocimiento de embarque. Documento emitido por la empresa transportista como justificante de la recepción de la mercancía o de que esta ha sido cargada en el medio de transporte, con destino al punto final que se declara.

cobertura de existencias

Es uno de los parámetros de control de la gestión. Indica el número de días de consumo que las existencias pueden cubrir.

existencias o *stock*

Cantidad disponible de un determinado producto almacenado y listo para ser vendido, distribuido o utilizado.

externalizar

Proceso en el cual una empresa subcontrata una parte de las actividades de su negocio a una compañía externa.

FCA

Siglas de *free carrier* o franco transportista, lugar convenido. Es una regla Incoterms o cláusula de comercio que se utiliza en las operaciones de compraventa internacional.

reglas Incoterms

Reglas comerciales fijadas por la Cámara de Comercio Internacional (CCI). Expresan las condiciones y los derechos que aceptan las partes compradora y vendedora en una operación de comercio internacional en relación a las distintas fases del proceso de transporte elegido y las condiciones para la entrega de las mercancías.

intangible

La intangibilidad de un servicio alude a todo aquello que no es posible percibir por los sentidos.

inventario

Relación ordenada de las existencias con indicación de la cantidad disponible y valoración de cada una de ellas. Proceso de recuento y verificación del material almacenado.

KPI

Siglas de *key performance indicator* o indicadores clave de rendimiento. Conjunto de medidas estandarizadas y normalizadas que, expresadas en forma de ratios, informan sobre la evolución de los planes de la empresa o del departamento correspondiente, y que ayudan a estudiar alternativas y acciones correctoras cuando se producen desviaciones respecto la planificación.

mayorista

Empresa intermediaria del canal de distribución de productos o servicios que vende a la minorista.

minorista

Empresa intermediaria del canal de distribución de productos o servicios que vende a la persona consumidora final.

monoreferencia

Embalajes con una sola referencia.

multireferencia

Embalajes con diferentes referencias.

obsoleto

Pérdida o menoscabo del valor de un producto a causa de un cambio de modelo, estilo o desarrollo tecnológico.

prevención de riesgos laborales

Conjunto de acciones y medidas que tiene por objeto prevenir, eliminar o minimizar los riesgos que están o pueden estar presentes en una actividad laboral. Cuando se habla de riesgos laborales se refiere a la posibilidad de que las personas que desarrollan una actividad profesional puedan sufrir un daño físico o en su salud, tanto en un futuro lejano como próximo, por el simple hecho de ejercer su trabajo.

productividad
Relación entre la cantidad de productos obtenida por un sistema productivo o proceso y los recursos utilizados para obtener o realizar el producto o proceso.

producto final o acabado
Producto que ha culminado todos los procesos de producción y puede ser expedido y utilizado.

ratio
Proporción entre dos magnitudes que mantienen entre sí una determinada relación.

RFID
Siglas de *radio frequency identification data* o identificación por radiofrecuencia. Sistema de almacenamiento y recuperación de datos remoto.

semirremolque
Caja o remolque formado por una plataforma o conjunto carrozado, sin sistema de tracción propio, que es arrastrado por una unidad tractora en la que se ensambla y reposa parcialmente, y que le transmite una parte significativa de su masa y carga. No tiene eje delantero y puede disponer de uno (monoeje), dos (tándem o doble) o tres (trídem o triple) ejes traseros.

tractora o cabeza tractora
Vehículo a motor que actúa como tractor de arrastre de un semirremolque, formando con él un conjunto articulado denominado tráiler. Dispone de una plataforma situada sobre el eje motor, denominada quinta rueda, sobre la que apoya parte de su peso el semirremolque, que carece de eje delantero.

tráiler
Conjunto articulado formado por una cabeza tractora y un semirremolque.

trazabilidad

Conjunto de procedimientos preestablecidos y autosuficientes que permiten conocer la evolución histórica, la ubicación y la trayectoria de un producto o lote de productos a lo largo de la cadena de suministro en un momento dado, a través de unas herramientas determinadas.

volumetría

Proceso que permite medir y determinar volúmenes. El volumen es la magnitud que utiliza el alto, el largo y el ancho de los productos o sus envases y embalajes. Su unidad de medida es el metro cúbico.

Agradecimientos

A mi hijo Dídac por ser presente y futuro, apoyo y empuje en tiempos convulsos.

A mi pareja Rosmari, por creer, apoyar, ayudar, empujar, valorar y amar.

A mi familia y amigos por estar allí y apoyar en todo y más.

A mi padre, Antonio, que siempre estará en mi corazón y mis pensamientos.

A Jaime Mira y todas las personas de Marge Books que han hecho posible este proyecto.

Piensa en macro,
actúa en micro

Colección: Biblioteca de logística
Director: David Soler

Gestión de existencias en el almacén
1.ª edición, 2018
© Sergi Flamarique
© de esta edición, incluido el diseño de la
    cubierta, ICG Marge, SL
© Imagen de la cubierta: Lerbank

Edita: Marge Books
Brutau, 160 - 08203 Sabadell (Barcelona)
Tel. 931 429 486 - marge@margebooks.com
www.margebooks.com

Gestión editorial: Hèctor Soler
Edición: José M.ª Collazos
Compaginación: Mercedes Lara
Impresión: Prodigitalk, SL (Martorell, Barcelona)

Edición impresa: ISBN 978-84-17313-75-3
Edición digital: ISBN 978-84-17313-76-0
Depósito Legal: B 14159-2018

Las ilustraciones de esta obra forman parte
del archivo del autor y:

Marge Books, 3.4, 3.5, 4.2
SMC, 7.3

El papel empleado en este libro no ha sido blanqueado con cloro elemental (Cl_2).

Manual de gestión de almacenes
Sergi Flamarique

Normativa de estiba en carretera. Claves, soluciones y modelos para estibar y trincar cargas
Eva María Hernández Ramos

Manual del transporte en contenedor
Jaime Rodrigo de Larrucea

Gestión de existencias en el almacén
Sergi Flamarique

Logística urbana. Manual para operadores logísticos y administraciones públicas
Ignasi Ragàs

Flujos de mercancías en el almacén. Procesos internos y de entrada y salida
Sergi Flamarique

Normativa del transporte de mercancías por carretera
Alfonso Cabrera Cánovas

Transporte marítimo de mercancías
Rosa Romero, Alfons Esteve

Técnicas para ahorrar costos logísticos. Aurum 2
Luis Carlos Hernández Barrueco

Gestión de operaciones de almacenaje
Sergi Flamarique

Técnicas de mejora continua en el transporte
Lander Tolosa

Técnicas para ahorrar costos en el transporte. Aurum 2E
Luis Carlos Hernández Barrueco

Título de transportista. Competencia profesional para el transporte de mercancías por carretera
Francisco Martín Jiménez

La llamada culpa grave en el transporte de mercancías por carretera
Francisco Sánchez-Gamborino

Técnicas logísticas para innovar, planificar y gestionar. Aurum 1
Luis Carlos Hernández Barrueco

Manual de transporte para el comercio internacional
Cristina Peña Andrés

La mente y el corazón del logista
Laura Pujol Giménez, Mariano F. Fernández

Manual del transporte marítimo
Agustín Montori Díez, Carlos Escribano Muñoz, Jesús Martínez Marín

Manual del transporte de mercancías
Jaime Mira, David Soler

Unidades de carga en el transporte
David Soler

Carretilla frontal contrapesada. Normas de uso y seguridad
VVAA

Seguridad marítima. Teoría general del riesgo
Jaime Rodrigo de Larrucea

Manual técnico de carretillas elevadoras
Vicenç Ripoll

Estiba y trincaje de las mercancías en contenedor
Francisco Fernández Sasiaín

Transporte ferroviario de mercancías
Miguel Ángel Dombriz

Transporte en contenedor
Jaime Rodrigo de Larrucea, Ricard Marí, Álvaro Librán

El transporte por carretera
José Manuel Ruiz Rodríguez

Logística hospitalaria
Borja Ozores

La seguridad en los puertos
Ricard Marí, Jaime Rodrigo de Larrucea, Álvaro Librán

Centros logísticos
Ignasi Ragàs

El Convenio CMR
Francisco Sánchez-Gamborino, Alfonso Cabrera Cánovas

Transporte de mercancías por carretera. Manual de competencia profesional
José Manuel Ruiz Rodríguez

Soluciones logísticas para optimizar la cadena de suministro
Francisco Álvarez Ochoa

El transporte internacional por carretera
Alfonso Cabrera Cánovas

El contrato de transporte por carretera
(Ley 15/2009)
Alfonso Cabrera Cánovas

Diccionario de logística
David Soler

València, 558 – 08026 Barcelona – Tel. +34-931 429 486 – marge@margebooks.com – www.margebooks.com

www.ingramcontent.com/pod-product-compliance
Lightning Source LLC
La Vergne TN
LVHW010644200726
843507LV00011B/1756